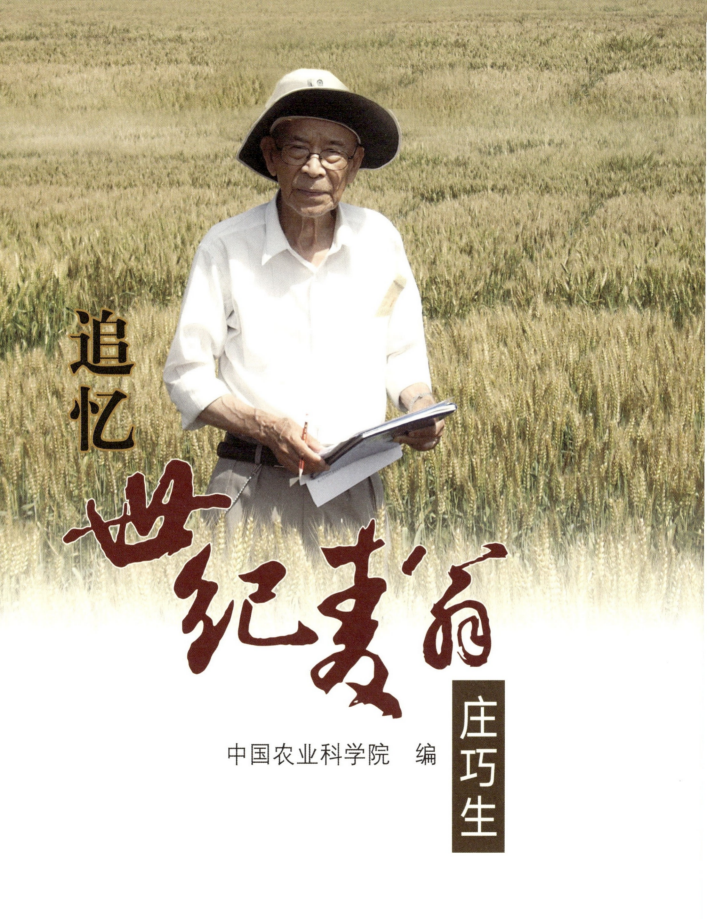

追忆

世纪麦翁

庄巧生

中国农业科学院　编

中国农业出版社

北京

编辑委员会

主　任：吴孔明　张合成　杨振海

副主任：刘　旭　万建民　钱　前　周文彬

编　委：何中虎　陈　孝　刘录祥　陈新民

　　　　刘大群　杨天桥　庄文颖

■ 庄巧生院士（1916—2022）

中国作物学会第四届理事暨

■ 出席中国作物学会第四届理事暨学术讨论会（前排左六）

术讨论会 1988年4月于北京

中国科学院第九次院士大会生物学部全体院士合影 1998.6.3

■ 出席中国科学院第九次院士大会（前排右一）

前　言

　　庄巧生先生是我国著名小麦遗传育种学家，我国小麦遗传育种学科的主要奠基人之一，毕生从事小麦育种与遗传研究，为发展我国小麦生产与育种事业做出了重要贡献。

　　其主要成就可概括为四个方面：（1）从20世纪50年代初至90年代中期，先后主持育成华北号、北京号和丰抗号等10多个优良冬小麦新品种，在华北地区大面积推广应用，为主产区小麦增产发挥了重要作用。60年代中后期育成了抗锈高产的北京8号和北京10号，北京8号是60年代后期至70年代中期华北平原的主栽品种之一，年最大种植面积2000万亩左右，北京10号年最大种植面积约900万亩，这两个品种于1978年获全国科学大会奖；80年代初育成了以丰抗8号和丰抗2号为代表的丰产、抗倒伏、兼抗条锈病和白粉病、落黄好的丰抗号系列品种，丰抗8号年最大种植面积曾达600万亩，是当时北部冬麦区推广面积最大的品种，1984年获农牧渔业部技术改进一等奖，丰抗2号等系列品种于1984年获北京市技术改进一等奖。（2）积极探索改进育种方法，在育种技术和方法上提出一些独具特色的做法。他是国内较早倡导使用三交和复合杂交的少数育种家之一，并十分注重新技术的应用，在推动数量遗传和计算机在作物育种中的应用、改进加工品质和推动田间试验作业机械化等方面起到带头作用。（3）勤于总结育种经验，主编（译）或参编（译）专著十多部，对提高我国作物育种理论水平起到积极作用。《中国小麦品种及其系谱》《中国农业百科全书·农作物卷》《中国小麦学》和《中国小麦品种改良及系谱分析》等在国内产生很大影响。（4）在组织全国小麦育种攻关与国际交流中发挥了关键作用。在主持"六五""七五"和"八五"全国小麦攻关课题期间，积极倡导育种材料和经验双交流，开展穿梭育种，注重安排有关支撑研究等，收到良好效果；大力加强大区级品种区域试验以促进良种转化为生产力，相关成果于1987年获国家科技进步奖二等奖；推动我国与国际玉米小麦改良中心（CIMMYT）、澳大利亚联邦科学和工业研究组织（CSIRO）合作研究，获得国际同行好评。此外，他还十分热心学会和社会公益工作，曾担任中国作物学会第四届理事长、《中国科学》和《科学通报》副主编。自20世纪80年代至2003年底，一直担任《作物学报》主编，使该学报质量和影响力逐步提高，得到广大读者的充分肯定。

庄巧生先生十分热心扶植中青年科技人员的成长，时常提醒他们加强中外文修养，养成博览文献、敢于争鸣的习惯。他乐于帮助年轻人修改文稿，为他们联系出国进修深造机会，希望他们在专业上尽快成长、勇挑重担。1995年荣获何梁何利奖，他将所得奖金10万元港币捐献出来，支持冬小麦育种课题组的发展，并在院、所两级及全国16个单位的支持下，于2005年成立了"庄巧生小麦奖励基金"，面向基层，奖励国内在小麦育种相关领域做出杰出贡献的个人。该基金获得了全国小麦界同行的高度认可和好评。经过17年的发展，2022年该基金获得了北京大北农科技集团股份有限公司董事长邵根伙博士的慷慨捐赠，目前奖励设有贡献奖、青年奖和国际合作奖三项。

　　1995年以后，他把更多精力用于扶持小麦育种团队的发展。在他的指导下，近年来小麦品质研究与分子标记发掘和高产优质新品种选育等取得显著进展，获得国内外同行好评。"中国小麦品种品质评价体系建立与分子改良技术研究"获2008年国家科技进步奖一等奖，"CIMMYT小麦引进、研究与创新利用"获2015年国家科技进步奖二等奖；先后育成了中麦175、中麦895和中麦578等3个主栽品种，"高产节水多抗广适冬小麦新品种中麦175的选育与应用""耐热高产优质小麦新品种中麦895的选育与应用"分别获得2017年农业部和2019年农业农村部中华农业科技奖科研成果一等奖。

　　庄巧生先生胸怀祖国，心系"三农"，一生执着于小麦。他在小麦育种方面的卓越成就，特别是渊博的学识、严谨的学风，以及为人正派、处事公允、乐于助人的高尚品德，赢得了全国同仁的称赞和爱戴；即便在极端艰难的情况下，他也从不言过头话、赶浪头语，始终坚守科学家的良知和风范。

　　在庄先生仙逝一周年之际，我们在2015年出版的《世纪麦翁——祝贺庄巧生院士百岁华诞》基础上编辑出版这本画册，从不同侧面展现了他个人成长的历程和不同时期的科研成就，以弘扬他献身科学、服务"三农"的精神，推动农业科技创新工作。

　　十分感谢兄弟单位同行提供一些珍贵照片和回忆文章等。庄先生的女儿庄文颖院士补充了一些家庭照片，何中虎、陈孝、刘大群和杨天桥等在编辑出版过程中做了大量工作。

编　者
2023年4月

目　录

庄巧生传略

　　庄巧生（1916—2022），小麦遗传育种学家，中国科学院院士。毕生从事小麦育种与遗传研究，主持育成北京8号、北京10号等10多个优良品种，在华北地区大面积推广应用；在探索改进育种方法、推动数量遗传和计算机技术在作物育种中的应用、改进加工品质和组织全国小麦育种攻关等方面卓有成效。参加主编《中国小麦学》和主编《中国小麦品种改良及系谱分析》等专著，曾任《作物学报》主编和第四届中国作物学会理事长。获全国科学大会奖、省部级一等奖四项和国家科技进步奖二等奖一项，荣获何梁何利基金科技进步奖，为发展中国小麦生产与育种事业做出了重要贡献。

清寒少年崎岖路

　　1916年8月5日（农历七月初七），庄巧生出生在福建省闽侯县旗山南麓五都村一个清贫农民家庭，4岁时随家迁居南洋荷属苏门答腊群岛北部，就读于当地华侨创办的民德初级小学。因祖母和母亲不懂闽南话，闭守家中，度日如年，1924年夏庄巧生初小毕业后，全家回到福州城内定居。1928年1月，庄巧生以同等学力考入福州私立三民中学，他勤奋学习，成绩优异，高二时曾在福州市中学生生物学知识竞赛中获奖。1933年夏，因学校教师闹分裂，庄巧生便随主流教师转入私立三山中学继续就读，并于1934年1月高中毕业。当年夏天，庄巧生以农科第二名的成绩获福建省教育厅第三届清寒学生大学奖学金，1935年1月入南京私立金陵大学农学院就读，主修农艺，辅修植物。

　　进入大学后，受到校园学习环境和人文气氛的熏陶，他领悟到学海无边，人生有限，唯有兢兢业业、孜孜以求，方可学业有成，学以致用。所修课程几乎门门成绩优异，他的视野日渐开阔，内心萌生了要在农学领域不断进取的志向。"七七"事变和"八一三"事变后，日军在淞沪登陆，南京危在旦夕，1937年11月中旬学校决定西迁成都，在教会办的华西大学内落脚。11月下旬庄巧生随校紧急转移，一路上冒着敌机狂轰滥炸的风险，过着流亡学生的生活，同时抓紧时间完成了老师预先布置的自修课程。1938年是庄巧生在大学的最后一个学年，所剩的必修课和学分不多，除听课外，主要是做毕业论文的准备。由于战乱，没有条件由学生自己做试验，只好用阅读文献、写专题综述代替。庄巧生以"小麦与黑麦属间杂种一代的细胞遗传学研究"为题，广泛搜集当时在成都能找到的英文文献，摘录其主要做法、结果和观点，加以分析整理，用了整整一年才写完毕业论文。1939年2月，毕业于

■ 1934年高中毕业

成都金陵大学农艺系，获学士学位，并膺选斐陶斐荣誉学会会员，被授予"金钥匙奖"。

由于学业出色，1938年夏天，农艺系系主任王绶教授便提前推荐庄巧生到中央农业实验所（简称中农所）贵州工作站工作，任技佐。抗日战争期间，中农所把总部从南京迁到重庆，由于没有自己的试验地和实验室，便在后方西南各省农业改进所设立工作站，两班人马，协同工作，以便加强地方科技力量。中农所麦作杂粮研究人员大多都在贵州。1939年3月，庄巧生来到位于贵阳的贵州农业改进所，在中农所技正兼农艺系系主任沈骊英先生的主持下，分管小麦品种区域试验以及潘氏世界小麦品种观察，区域试验范围涉及长江流域和西南各省。通过一年多的实践，按照主持人的安排，他将两年田间试验结果和相关资料进行整理，写成《贵州之小麦》一文，对该省小麦生态环境、生产概况、地方品种类型、参试品种的表现和种植技术等做了系统阐述，经主持人审阅修改，在中央农业实验所专刊第24号发表。此文是有关贵州省小麦的第一篇历史性文献。

1940年8月，后方高校开始恢复招收研究生，庄巧生以深造为由请求辞职获准，回到成都金陵大学农艺系，给刚从英国留学归来的靳自重教授当助教，方向是当时国际热门的细胞遗传学。以庄巧生的工作为基础，在他离开农艺系后，靳先生执笔完成了两篇研究论文：一是"蓝麦杂种后代的细胞学研究"，发表在《印度农业科学》（1943）；二是"马卡小麦杂种后代的细胞遗传学研究"，刊登在美国《陶莱植物学会会志》（1944）。前者指出四川盆地边缘山区种植的"蓝麦"属埃及圆锥小麦，后者对马卡小麦起源进化问题提出一些疑点。1942年冬，抗战进入最艰难时期，有些同学参加了中国远征军，庄巧生不想在校园内继续那些"不痛不痒"的研究，何况靳先生又担任农艺系系主任，事务繁多，难以分身搞研究，庄巧生便辞去助教工作。1943年1月应戴松恩先生之邀，到位于恩施的湖北省农业改进所任技师兼鄂北农场场长，但该场远在鄂西北山区的房县，工作有名无实，后又因场内人事磨擦等问题，当年年底只好辞职回恩施，同时也动员戴松恩另谋出路。

■ 1939年3月在贵州省农业改进所

1944年10月，经戴松恩推荐，庄巧生又回到位于重庆的中农所麦作杂粮系任技士，从事小麦品种改良工作。这年冬天，在名额很少的情况下，他有幸通过考试院的公开招考，获得到美国实习进修的机会。1945年7月初到达美国后，先后在堪萨斯州立学院制粉工业系和俄亥俄州的联邦软质小麦实验室学习品质鉴定技术，去康奈尔大学补修几门化学课，并到北部春小麦和硬粒小麦主产区参观访问。他从农艺学家角度了解美国小麦品质检测和研究工作布局，学习实验技术，初步认识到品质检验与研究在品种改良中的重要性，并搜集有关文献，以便回国后创造条件填补这一领域的空白。

庄巧生传略

北上麦区显身手

1946年8月，庄巧生从美国回到位于南京的中央农业实验所，同年10月被派至北平农事试验场（1949年2月北平和平解放，该场更名为华北农业科学研究所，1957年又扩建为中国农业科学院）任技正兼麦作研究室主任，主持小麦育种课题。这是国内当时田间试验规模最大、实验室条件最好而又亟待充实人力的农业科研单位，对留学初归、想在小麦主产区做一番事业的庄巧生很有吸引力。

■ 1947年10月在北平农事试验场

当时华北平原为雨养农业，育种目标以抗逆、丰产、稳产为主。在短短两年内，庄巧生肯定了前人育成的燕大1885、北系3号、北系11等新品种可以加快繁殖利用，不曾想1950年全国条锈病大流行，上述品种因感病严重而未能投入生产。这年秋播，他有幸从北京农业大学蔡旭先生课题组获得"胜利麦×燕大1817"第三代材料，表现抗锈、较早熟、丰产，但种子量太少，不便观察选择。1952年初夏，庄巧生参加中国科学院组织的西藏工作队农业科学组考察高原农业，次年开春，华北所又大力开展"农村蹲点"，只留少数人在所内"看摊"，使该组合的继续选择受到影响。当他1954年春从西藏回来，上述最好组合的选系只剩下一个品种产量比较试验，其中最看好的有华北187、华北497和华北672三个新品种，以华北187综合表现较好，穗大、粒大、抗条锈病，后来又从中系选出北京6号，适于中至中上等水浇地种植。20世纪50年代中后期至60年代中期，农大183和农大36为主栽品种，华北187和北京6号只能搭配种植，年最大种植面积分别为70万～80万亩。

为了适应生产发展的需要和防止条锈菌新小种危害，20世纪60年代中后期，庄巧生先后育成了北京8号和北京10号。北京8号表现早熟、抗条锈、丰产、籽粒外观品质好、白粒、适应性很广，遍布于北方冬麦区，是60年代后期至70年代中期华北平原的主栽品种之一，年最大种植面积在2000万亩左右。北京10号的丰产性比北京8号略胜一筹，曾在山西和河北广为种植，年最大种植面积约900万亩；唐山地区农科所从中系选出的唐6898在相当长的时期是南疆的主栽品种。北京8号和北京10号两个品种于1978年获全国科学大会奖。

20世纪70年代初，生产上需要耐肥喜水、抗倒伏、抗锈病、增产潜力更大的新品种。早在1963年，庄巧生就带领课题组配置了代号为6354的三交组合，并选到第三代。由于"文化大革命"的影响,他被关入"牛棚"两年多,致使本单位未能从该组合选出突出的新品种,但有关单位分别从6354这个组合的第三代群体中选育出12057、12040、红良4号、红良5号、京双2号和京双3号等新品种,在河北、山西和京郊广为种植。12057于1983年获农牧渔业部技术改进一等奖。

1971年,课题组以洛夫林10号为代表的具有1B/1R易位的"洛类"材料为抗病亲本,分别与有芒红7号和有芒白4号杂交,于20世纪80年代初育成了以丰抗8号和丰抗2号为代表的丰产、抗倒伏、兼抗条锈病、白粉病和落黄好的丰抗号系列品种,在北部冬麦区大面积应用长达十余年。丰抗8号年最大种植面积曾达600万亩,是当时北部冬麦区推广面积最大的品种,于1984年获农牧渔业部技术改进一等奖,丰抗2号等系列品种于1984年获北京市技术改进一等奖。丰抗13是北京14/抗引655的后代,年最大推广面积250多万亩。20世纪80年代后期还育成了北京837和北京841,前者在河北省中部推广,年最大种植面积300多万亩,后者80年代后期至21世纪最初几年是晋中地区的主栽品种之一。

■ 1954年在通往川藏公路兵站的路上

技术创新谋未来

在小麦育种技术和方法上,庄巧生是国内较早倡导使用三交和复合杂交的少数育种家之一,注重在亲本选配时因材"施教",在后代处理中因地制宜。北京10号是用三个亲本以双交方式育成的,组合为华北672/辛石14//苏联早熟1号/华北672,其中的产量亲本为两个单交所共有,这样既保证产量亲本的血缘比重,又能扩大复交一代性状分离的范围与频率,有利于优异单株的选择。在20世纪50年代后期,他就利用上述有希望的组合第一次在国内采用F_2代派生系统法处理杂种材料,不仅简化了程序,而且提前积累两年的初步测产资料,为后来决选出北京10号提供了依据。他还善于根据不同类型亲本材料的特点进行合理组配,以拓宽种质资源的利用范围。品种12057的组合为亥恩·亥德/欧柔//北京8号,这是在亲本间性状互补的前提下采用冬/春//冬,兼具地理上远距离的三交模式,不但可以把高产、大穗、大粒、抗锈病、早熟和白粒比较顺当地结合于一体,更重要的是有可能通过定向选择将不同来源的各种有利基因聚合起来,以丰富杂种后代的遗传背景,从而提高其总体性状水平和遗传多样性。丰抗8号育成的关键是在国内最早启用了来自罗马尼亚的洛夫林10号做亲本,这也为后来北方冬麦区各育种单位成功利用"洛类"抗源起到示范带头作用。

积极推动数量遗传学在作物育种中的应用研究。他与沈锦骅、王恒立合作撰写了题为

庄巧生传略

"自花传粉作物性状遗传力的估算和应用"综述文章，在《作物学报》1962年第2期发表，第一次把遗传力的概念及其在育种上的意义介绍给国内读者；在"冬小麦性状遗传力的初步研究"（《作物学报》，1963年第2期）一文中，对与产量有关的主要性状的广义遗传力进行了研究，使主要农艺性状大体上有了量化概念；随后又发表一篇关于小麦亲本配合力分析的论文（《作物学报》，1963年第2期）。这三篇论文在当时及"文化大革命"后的一段时间内受到国内同行的广泛关注。

■ 20世纪80年代初在东北农学院考察春小麦（左三：庄巧生，左二：肖步阳，左四：武镛祥）

庄巧生还十分注重新技术在育种中的应用。20世纪80年代初，他负责的冬麦育种室与所内小麦组培实验室协同开展花培育种，育成矮秆、多穗、高产品种CA8686，于1995年通过北京市审定，并在生产上试种。1981年他负责的冬麦育种室首先成立计算机应用小组，后来所里以此为基础建立计算机农业应用研究室，由赵双宁研究员负责，双方协同开展了计算机在小麦育种中的应用研究，其中"冬小麦新品种选育专家系统"于1991年获农业部科技进步奖二等奖。

在国内最早关注并推动小麦加工品质改良。20世纪80年代中期，他首先在所内筹建旨在为育种服务的小麦品质实验室，开展了"我国小麦主要优良品种的面包烘烤品质研究"（1989），对国内品种面包烘烤品质一些指标的内在联系及其量化标准做了较深入的探讨。这是我国小麦品质研究的一项奠基性工作，为后来课题组深化和拓展小麦品质研究创造了有利条件。

带头为育种田间试验引进小区作业机械。20世纪80年代初，他开创性地引进一批育种试验田间作业机械，由于种种原因，最后只留用了适用于产量比较试验的小区播种机和联合收割机。田间试验作业机械化不但提高工效，更重要的是能显著提高作业质量，对育种材料的选优汰劣起着很大作用。

学术耕耘结硕果

庄巧生不仅在新品种选育与育种方法改进方面做出重要贡献，而且还主编（译）或参编（译）专著十多部，对提高我国作物育种理论水平起到积极作用。《中国小麦品种及其系谱》一书，系统总结了新中国成立后三十多年来小麦品种改良的成就与经验，着重阐述育成品种的系谱渊源及其与种质资源利用的关系，其中由他主笔的亲本选配基本经验一章，实际上是他实践经验的总结。此书问世后受到国内外同行的好评，并获农业部科技改进一等奖（1985）。

20世纪80年代中期，他作为第一副主编协助金善宝院士主编《中国农业百科全书·农作物卷》，这是我国第一部长达200万字的大型工具书，荟萃了国内数以百计专家学者的集体智慧与研究心得，她的出版被誉为中国农业发展史上一个重要的里程碑（1991）。此外，他协助金善宝院士组织国内知名专家撰写融国内外小麦科技新进展于一体，代表国家学术水平的权威性专著《中国小麦学》（1996）。

2003年，庄巧生又主持编写了百万字的《中国小麦品种改良及系谱分析》专著，从选用亲本与配置组合的角度系统总结了新中国成立后五十多年来我国育种工作的主要成就与经验，也包括20世纪前半叶开创小麦改良工作时的简略情况，内容涵盖整个20世纪。

科技攻关展宏图

从1981年起，庄巧生主持"六五""七五"和"八五"国家重点科技攻关项目中的"小麦高产稳产新品种选育及其理论与方法的研究"课题，带领协作组成员加强大区级品种区域试验，并密切其与省级品种区域试验的联系，做到因地制宜，"对口"种植新育成的优良品种，扩大其应用范围，加快良种转化为生产力的步伐，"全国大区级小麦良种区域试验'六五'成果及其应用"于1987年获国家科技进步奖二等奖。同时，注重安排有关支撑研究，提高技术水平，增强育种后劲，使优良品种不断推陈出新。此外，他还积极倡导材料、经验双交流，开展穿梭育种，并采用各种措施调动参加单位相互协作的积极性。1983年3月，协作组在陕西杨陵召开了盛况空前的"全国小麦育种协作攻关第一届学术经验交流会"，邀请专家教授作专题发言，使与会者在沟通信息、更新知识上收到了实际效果。上述这些各具导向性的科技管理和学术交流措施，对提高全国小麦育种工作整体水平，加快新品种选育与推广速度以及育种人才的成长都产生了积极影响。为此，他本人获国家计委、经委、科委和财政部"三委一部"颁发的"六五"国家科技攻关先进个人奖（1986）。

■ 20世纪90年代初在中国农业科学院中圃场试验田检查小麦杂交结实率

7

庄巧生传略

庄巧生热心学会和社会公益工作，他曾是中国作物学会第四届理事长，担任过《中国科学》和《科学通报》副主编。自20世纪80年代到2003年底，一直担任《作物学报》主编，该学报质量和影响力的逐步提高得到了广大读者的充分肯定。此外，他还积极参加北京市小麦顾问团、全国品种审定委员会及北京市的评奖工作。

积极推动国际合作，促进小麦科技走向世界。改革开放后，庄巧生先后访问过波兰（1979）、联邦德国（1981）和澳大利亚（1986）。1984—1987年，在担任国际玉米小麦改良中心（CIMMYT）理事会理事期间，多次赴CIMMYT总部参加相关会议，并学习观摩其小麦育种工作。此外，还积极推动我国和澳联邦科学和工业研究组织（CSIRO）开展双边合作研究。作为中方协调人之一，组织实施了"综合应用生物技术创造抗黄矮病普通小麦新种质"的双边合作项目，该项目于1995年获国家发明奖二等奖。CIMMYT于1997年在中国农业科学院成立了北京办事处，已成为我国小麦和玉米对外合作的重要窗口。

帮扶后辈指路人

他十分关注中青年科技人员的成长，时常提醒他们加强中外文修养，养成博览文献、敢于争鸣的习惯。他热心帮助年轻人修改文稿，乐于为他们联系出国进修深造的机会，希望他们在专业上尽快成长，勇挑重担。庄巧生深深体会到个人的才智与精力有限，而集体的智慧和力量无穷，只有把个人的努力融汇于集体奋斗的目标之中，各项事业才能兴旺发达。他于1995年荣获何梁何利奖，将所得奖金10万元港币捐献出来支持冬小麦育种课题组的工作。

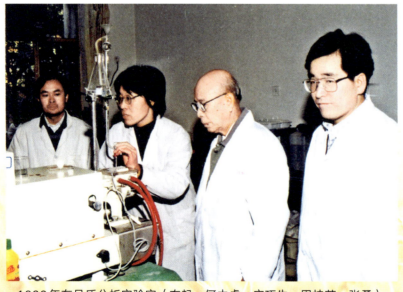

■ 1998年在品质分析实验室（右起：何中虎、庄巧生、周桂英、张勇）

后经院、所两级分别匹配资金，设立了"庄巧生基金"，用以奖励本所在小麦育种相关领域做出重要贡献的青年科研人员。以此为基础，在全国16个单位的支持下，2005年中国农业科学院作物科学研究所设立了"庄巧生小麦奖励基金"，面向基层，奖励国内在小麦育种相关研究领域做出杰出贡献的科技人员，旨在弘扬庄巧生先生献身科学、热爱农业、服务农民的崇高精神。该基金获得了全国小麦界同行的高度认可和好评。经过17年的成功发展，2022年该基金获得了北京大北农科技集团股份有限公司董事长邵根伙博士的慷慨捐赠，目前奖励设有贡献奖、青年奖和国际合作奖三项。

1995年以后，年逾八旬的庄巧生仍然身体力行，每年在小麦关键季节都到试验田重点考察有苗头的材料和有望在生产上利用的新品种，并把更多精力用于扶持课题组的发展。在他的指导下，目前已初步形成了一支以海外回国人员为主，常规育种、谷物化学、植物病理和应用分子生物学相结合，并注重与国内外加强合作的开放型小麦育种团队。近年来，在小麦品质研究与分子标记发掘和高产优质新品种选育等方面取得显著进展，获得国内外同行的好评。"中国小麦品种品质评价体系建立与分子改良技术研究"获2008年国家科技进步奖一等奖，"CIMMYT小麦引进、研究与创新利用"获2015年国家科技进步奖二等奖。品种选育也已逐步走出低谷，先后育成了中麦175、中麦895和中麦578等3个主栽品种。中麦175曾连续十多年为北部冬麦区水地和黄淮旱肥地第一大品种，年最大推广面积597万亩，累计推广5500万亩。"高产节水多抗广适冬小麦新品种中麦175的选育与应用"获得2017年农业部中华农业科技奖科研成果一等奖。中麦895曾为黄淮南片的主栽品种，年最大面积1062万亩，累计推广4500万亩。"耐热高产优质小麦新品种中麦895的选育与应用"获得2019年农业农村部中华农业科技奖科研成果一等奖。近期育成的强筋小麦新品种中麦578，面包品质突出，高产又广适，已成为全国主栽品种之一，2022年推广面积约800万亩。

■ 2005年在昌平试验基地调查

庄巧生院士执着于小麦育种与遗传研究，为发展我国小麦生产和育种事业做出了重要贡献，但他把这些归功于党和政府的关心和重视，说自己只不过做了两件事——育成十几个小麦品种和编了几本书而已，"微不足道"；虽届颐养天年之际，仍将"从一而终"。他还把自己看到的国外格言推荐给他的学生和团队：有梦想，就能付之实现；适当的目标是成功的一半；决定（工作）高度的是态度而非才华。他说："勤能补拙，多动脑，多动手，务实求真，必将有成。天道酬勤，此言千真万确！"

清寒学子

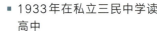

■ 1933年在私立三民中学读高中

■ 1934年与初中同学庄家喜（左）、林朝阳（中）在江苏句容桥头镇三育研究社

　　1916年农历七月初七，庄巧生出生在福建省闽侯县旗山南麓的一个小山村，4岁时随家迁居荷属苏门答腊群岛，在一个荒僻小岛就读于华侨创办的民德小学。因为四年前他的父亲只身一人闯荡南洋，在这个岛上一所小学以教书谋生。1924年，庄巧生初小毕业，全家回到福州城内定居，此后一家五口仅靠父亲教书和办私塾的微薄收入度日。1927年夏，母亲染时疫去世，三年后继母又病故，家境更趋清贫。1928年1月，庄巧生考入福州私立三民中学，高中转入三山中学，1934年1月高中毕业。是年夏，庄巧生获福建省清寒学生大学奖学金，翌年1月考入金陵大学农学院。

■ 1935年与高中同学林伯辽（右）在南京莫愁湖

■ 1935年与金陵大学福州同乡胡任豪（右）在金大校园

■ 1935年读大学一年级

■ 1938年与同学在成都合影（后排右一）

■ 1937年6月与同学李宗道（右二）、黄率诚（右三）、张德常（右四）在济南农事场

■ 1937年6月在济南棉花试验田中耕（右：李宗道）

■ 1938年夏在成都华西大学（前排左起：裴保义、庄巧生、徐叔华，后排左起：张德常、黄率诚、芮昌祉、高志瑜）

与麦结缘

　　庄巧生与小麦结缘，从他获得大学奖学金时就已经注定，此后他取得了一个又一个"第一"，不断激励着自己坚守使命，终其一生。

　　1939年，他大学毕业的论文题目是"小麦与黑麦属间杂种一代的细胞遗传学研究"，这是他的第一篇关于小麦的学术论文；是年3月，经学校推荐，庄巧生来到位于贵阳的省农业改进所工作，一年后又一篇论文《贵州之小麦》问世，该文是有关贵州省小麦的第一篇历史性文献。

　　1945年，他通过公开招考获得到美国实习进修的机会，先后在堪萨斯州立学院和俄亥俄州学习小麦品质鉴定技术，初步认识到品质检验与研究在品种改良中的重要性，为他后来开展小麦品质研究打下了基础。

■ 1939年2月大学毕业

■ 1939年8月20日欢送同事离开贵州农业改进所（前排右四：戴松恩，后排右一：庄巧生）

【贵州农业改进所】

■ 1939年冬在贵州农业改进所（左起：庄巧生、赵季骏、李焕章、姜秉权）

■ 1940年在田间观察记录

■ 1942年4月在成都金陵大学当助教时，随金陵大学农艺系"农艺研究会社"师生郊游
（二排左二：靳自重，左三：黄瑞采，右二：庄巧生）

【赴美游学】

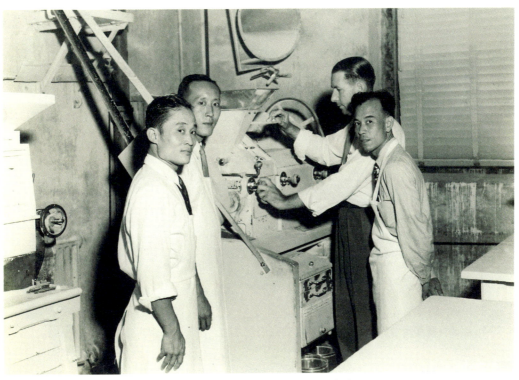

■ 1945年7月在堪萨斯州立学院学习自动化实验制粉机操作方法
（左起：刘昌娄、金阳镐、J.A.Shellenberger教授、庄巧生）

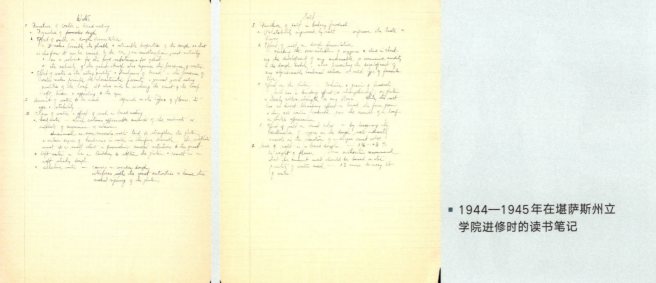

■ 1944—1945年在堪萨斯州立
学院进修时的读书笔记

与麦结缘

■ 1945年7月在曼哈顿麦田登上小麦联合收割机（左起：庄巧生、金阳镐、刘昌娄）

■ 1946年4月与卜慕华（右）在明尼苏达大学校园

北上麦区

　　1946年10月，庄巧生被派至北平农事试验场任技正兼麦作研究室主任，主持小麦育种课题。1949年2月北平和平解放，北平农事试验场更名为华北农业科学研究所（1957年又扩建为中国农业科学院），自此，庄巧生在他从事的小麦育种工作中初显身手：1952年，他参加西藏农业科学考察，在拉萨河谷进行冬小麦引种试验，一年后第一次提出拉萨河谷、年楚河畔海拔3700米农区可以种植生育期长、丰产潜力大的冬小麦。这一结论把冬小麦种植的海拔高度提高了700米，为后来推荐引入西北欧晚熟高产品种"肥麦"（Heine Hvede，原产德国）提供了依据。1955—1960年选育出抗锈（病）丰产品种华北187，1964—1966年育成北京8号、北京10号早熟抗锈丰产品种，1980年主持育成"丰抗号"系列品种丰抗8号、丰抗2号、丰抗13号，在华北地区大面积推广应用。20世纪60—90年代，庄巧生还作为全国和北京市小麦生产顾问，经常下乡考察小麦生产，足迹遍及福建、河北、河南、湖北、江苏、山东、四川及北京等麦区。

【西藏考察】

■ 1952年10月全体西藏工作队队员在布达拉宫前合影（前排右四）

北上麦区

■ 1953年1月5日参加西藏农牧部举办的"农业技术干部培训班"开学典礼，大田作物试验组由庄巧生（前排右二）带领（前排右三：钟补求，右四：张崑，左一：夏荣基）

■ 1953年在野外考察（右二：夏荣基，右三：庄巧生，右四：张崑，右七：肖前椿，右九：钟补求，右十一：郑丕尧）

■ 1953年引进试验中表现优良的小麦品种（左）和收获的试验材料（右）

■ 1954年1月沿雅鲁藏布江考察间隙（右一：庄巧生，右五：邱龙章，右八：秦维康）

北上麦区

【小麦品质改良】

■ 1980年代与京冀科技人员讨论小麦品质改良问题（前排左起：刘恩忠、庄巧生、金善宝，后排左二：王光瑞）

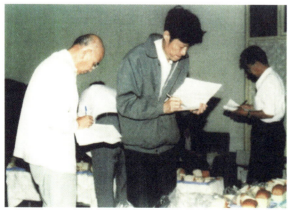

■ 1992年9月出席"中国首届优质面包小麦品种品质鉴评会"〔左上图，前排右一：刘恩忠，右二：杜振华，右四：庄巧生，右六：林作楫，右八：王光瑞；右上图，在鉴评会上致开幕词；左下图，鉴评面包品质（左一）〕

■ 出席农业部主办的"全国饼干、蛋糕、面包专用小麦鉴评与新闻发布会"（右起：何康、金善宝、陈万金、庄巧生）

【新技术应用】

■ 1989年在计算机房与课题组人员讨论"冬小麦新品种选育专家系统设计"方案（右起：陈毅伟、赵双宁、曾启明、庄巧生）

■ 1993年在河北丰润县党家山村观摩小麦花培新品种CA8686（左一：庄巧生，左二：王恒立，左五：赵乐莲，左六：徐惠君）

■ 1997年6月在中圃场考察春小麦选种圃（右起：马有志、陈孝、庄巧生、杜振华、辛志勇）

■ 1995年在实验室与课题组人员观察组培苗生长情况（右起：徐惠君、庄巧生、辛志勇、陈孝）

■ 1998年在中圃场鉴评抗黄矮病普通小麦新种质（右起：陈孝、庄巧生、辛志勇、徐惠君、赵乐莲、杜丽璞、马有志）

北上麦区

【选育良种】

■ 1991年在京郊顺义观察麦苗

■ 1991年与课题组人员在中国农业科学院中圃场试验田（前排右起：刘俊秀、张秀英、崔淑兰、庄巧生、李英婵、许有温、王永和，后排右起：陈新民、李学渊、庞家智、曾启明、范家骅、孙芳华）

■ 1997年在京郊红星农场考察
小麦新品系91鉴82（右起：
徐育成、庄巧生、王永和、李
学渊、辛志勇、赵双宁）

■ 1999年6月10日在天津宝坻县石辛庄现场考察优质麦中优9507
（右起：辛志勇、杨炎生、庄巧生、曾道孝）

北上麦区

■ 1999年在昌平南口基地（左起：方智远、邱式邦、范云六、吕飞杰、卢良恕、庄巧生、刘更另）

■ 在试验地

■ 2001年陪同院长吕飞杰（右三）、副院长杨炎生（右一）考察小麦新品系（右二）

■ 2005年在中国农业科学院昌平试验基地鉴评小麦新品系（左起：何中虎、庄巧生、陈新民、王德森）

■ 2011年6月5日在昌平试验基地（右起：陈新民、庄巧生、何中虎、张艳）

■ 2011年6月8日在天津武清区参加中麦175现场会（右起：辛志勇、程顺和、董玉琛、庄巧生、王连铮、刘旭、万建民）

北上麦区

■ 2011年6月8日参加天津武清区中麦175现场会（左一）

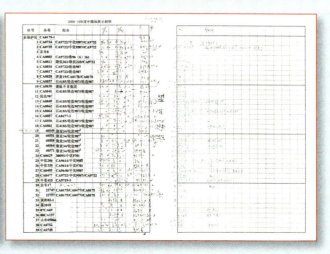

■ 工作手稿

【麦区考察】

■ 1981年访问福建省农业科学院稻麦研究所（前排左二：沙征贵，左五：庄巧生，左七：黄佩民）

北上麦区

■ 1981年5月在河北省农林科学院考察小麦（右一：孙凤瑞，右二：庄巧生，右三：陈爱华）

■ 1987年5月考察河南省农业科学院小麦品种区域试验田（前排右四：庄巧生，右五：赵德芳）

28

■ 1987年5月第一届全国品种审定委员会小麦组专家在河北邢台考察品种区域试验和生产示范田（左四）

北上麦区

■ 1987年5月在湖北省襄樊考察（右三：庄巧生，右四：赵洪璋，右五：刘应祥，右六：诸德辉，右九：李晴祺）

■ 1988年5月在徐州市农科所观摩（左一：夏善宝，左二：庄巧生，左三：范家骅）

■ 1988年5月考察山东省兖州县鲁麦8号、215953繁育基地（右二：庄巧生，右四：李晴祺）

■ 1988年在四川省农业科学院考察（右一：黄光明，右二：宋荷仙，右三：庄巧生，右四：石社民）

■ 1990年代初在河南安阳考察（右一：王洪森，右二：杨兆生，右三：庄巧生，右四：闫俊）

北上麦区

育成品种简介

华北187：来自北京农业大学提供的胜利麦/燕大1817 F_3代，1956年育成。冬性，抗倒伏，穗大粒大，丰产性好，抗条锈病。20世纪50年代中后期至60年代中期在北京、天津、河北东部、晋中、晋东南及陕西渭北等地搭配种植，年最大种植面积约70万～80万亩。

北京5号：1961年从华北187中系统选育而成。抗旱性和成熟期比华北187有所改进，耐寒，抗条锈病。20世纪50年代中后期至60年代中期为晋中和晋中南搭配品种。

北京6号：1961年从华北187中系统选育而成。抗旱性和成熟期比华北187有所改进，茎秆略矮，对条锈病有一定的耐性。20世纪50年代中后期至60年代中期在北京、天津、河北东部、晋中、晋东南及陕西渭北等地搭配种植，年最大种植面积70万～80万亩。

北京8号：组合为碧蚂4号/早洋麦，1965年育成。突出特点是高产，早熟，抗条锈病，外观品质好，适应性广，在沧州、保定、临汾一线以南，以至苏北、皖北、关中均可种植。是20世纪60年代后期至70年代中期华北平原主栽品种之一，年最大种植面积2000万亩左右。

北京10号：组合为华北672/辛石麦//苏联早熟1号/华北672，1965年育成。特点是高产，早熟，抗条锈病，曾在晋中、晋南、冀中和晋东南广为种植，年最大种植面积约900万亩。唐山地区农科所从中系选出的唐6898在相当长时期内是南疆的主栽品种。

12057（冀麦1号）：与中国农业科学院原子能利用所及藁城县宜安大队合作选育，组合为北京8号//亥恩·亥德/欧柔，1972年育成，1978年通过河北省品种审定，定名为冀麦1号。特点是稳产广适，中抗条锈病，灌浆快，落黄好。是20世纪70年代后期至80年代初期河北省和山西省主栽品种，年最大种植面积约500万亩。

12040（冀麦2号）：与中国农业科学院原子能利用所及藁城县宜安大队合作选育，组合为北京8号//亥恩·亥德/欧柔，1972年育成。特点是冬性稍弱，熟期略早，穗较大，稳产广适，抗条锈病。是20世纪70年代后期至80年代初期河北中南部的搭配品种，年最大种植面积约100万亩。

丰抗2号：中国农业科学院作物所与北京市农林科学院合作选育，组合为有芒白4号/洛夫林10号，1980年育成，1983年通过北京市品种审定。特点是冬性，中晚熟，丰产性好，穗多，秆较坚韧，抗倒伏，喜肥水，兼抗条锈病和白粉病，但抗旱和抗寒性不及丰抗8号。20世纪80年代初至90年代初期为北京、河北北部及山西高水肥地区主推品种，年最大种植面积约500万亩。

丰抗8号：中国农业科学院作物所与北京市农林科学院合作选育，组合为有芒红7号/洛夫林10号，1980年育成，1983年通过北京市品种审定，1990年通过全国品种审定。特点是冬性，抗寒性强，中熟，高产，兼抗锈病和白粉病，灌浆快，落黄好，耐旱性好，适应性广。20世纪80年代初至90年代初期一直是北京、天津、河北北部及晋中和晋东南的主栽品种，也曾在陇东广为种植，年最大种植面积约600万亩。该品种及其姊妹系丰抗7号、丰抗9号等年最大种植面积约900万亩。

丰抗9号： 中国农业科学院作物所与北京市农林科学院合作选育，组合为有芒红7号/洛夫林10号，1980年育成。特点是冬性，抗寒性强，中熟，茎秆粗壮，高抗锈病，耐瘠薄，耐盐碱，适应性广。主要分布在河北北部及东部、北京、天津、晋中地区，年最大种植面积约150万亩。

丰抗13号： 中国农业科学院作物所与北京市农林科学院合作选育，组合为北京14号/抗引655，1980年育成，1983年通过北京市品种审定。特点是冬性，抗寒，中早熟，对条锈病免疫至高抗，抗倒伏，耐旱，耐盐碱，适应性非常广。种植范围包括北部冬麦区、黄淮麦区北片水地、旱地和盐碱地，20世纪80年代中后期年最大种植面积约250万亩。

北京837： 组合为有芒红7号/洛夫林10号/3/京双16/山前麦//京双3号，1983年育成，分别于1989、1991和1992年通过天津市、北京市和国家品种审定。特点是冬性，抗寒，中熟，穗多，高产，抗病，抗倒伏。20世纪90年代初在河北中北部大面积种植，后因叶片早衰等原因面积逐渐减少，1991年最大种植面积约330万亩。

北京841： 组合为北京18/丰抗4号//农大139，1988年育成，1992年分别通过北京市和山西省品种审定。特点是冬性，抗寒，中晚熟，穗大粒大，耐旱，20世纪90年代初至本世纪初为山西省冬麦主栽品种及区试对照品种。

北京0045： 组合为京411/中麦9号，2004年通过河北省品种审定。特点是矮秆，大穗大粒，曾是冀中北冬麦区主栽品种之一，至今仍有种植，2008—2010年三年种植面积均在120万亩以上。

中优206： 组合为CA9614/中优9507，2007年和2008年分别通过北京市和山西省品种审定。特点是面包加工品质突出，高产，适应性广。曾是北京、山西及新疆的搭配品种，因穗发芽严重，限制了进一步推广应用。

中麦175： 组合为BPM 27/京411，分别于2008年和2011年通过北部冬麦区水地和黄淮旱肥地两次国家审定，还通过北京市、河北省、山西省、青海省和甘肃省品种审定。特点是抗寒，早熟，高产，抗条锈病，节水节肥性能突出，适应性特别广，可在水地及旱肥地种植，加工成面条和馒头品质优良。适宜北部冬麦区中上等肥力水浇地及黄淮北片和陇东旱肥地种植，在青海省东部河湟流域温暖灌区和甘肃张掖、武威等地代替春麦，增产效果显著。是北部冬麦区国家区域试验和北京市、山西省、河北省区域试验对照品种，也是北部冬麦区第一大品种，2014年夏收面积414万亩。

科技攻关

　　从1981年起，庄巧生主持了"六五""七五"和"八五"国家重点科技攻关项目"小麦高产稳产新品种选育及其理论与方法的研究"课题。他"群策群力""集思广益""共同进步"的工作思路帮助我国小麦育种工作越过了艰难的爬坡阶段，也培养出新一代育种人才。1988年，庄巧生当选全国政协第七届委员，1990年5月荣获全国农业劳动模范光荣称号，1991年当选为中国科学院院士并当选中国科学技术协会第四届全国委员会委员，1995年荣获何梁何利基金科技进步奖。

■ 院士任命书

■ 1984年3月在陕西武功主持召开"全国小麦育种攻关第一届学术经验交流会"（二排右二：颜济，右七：李振声，右十：赵洪璋，右十二：金善宝，右十四：庄巧生，右十五：吴兆苏，右十九：王恒立，右二十二：董玉琛，右二十三：王琳清）

姓　　名：庄巧生
性　　别：男
民　　族：汉
出生年月：1916年8月
出 生 地：福建
当选日期：1991年
所在学部：生命科学和医学学部
发证机关：中国科学院
发证日期：2005年11月

编　号：0553

■ 院士证书

■ 1984年3月向会议筹备组汇报工作计划（右起：
王恒立、庄巧生、金善宝、赵洪璋）

科技攻关

■ 1985年11月在武汉主持召开"六五"全国小麦育种攻关总结会［二排右起：祁适雨、董玉琛、李登春、沙征贵、胡启德、颜济、王恒立（右八）、庄巧生（右九）、吴兆苏（右十）、吴董成、赵洪璋、汪可宁、曾启明（右十七）］

■ "六五"国家科技攻关奖励证书（集体）　　　　■ "六五"国家科技攻关奖励证书（个人）

■ "八五"科技攻关重大科技成果获奖证书

■ 1990年在郑州主持召开"七五"全国小麦育种攻关总结会
（左起：庄巧生、李英婵、曾启明、杜振华）

■ 1995年9月在成都出席全国小麦育种"八五"攻关总结会（前排右十一）

科技攻关

全 国 小 麦 育 种 学 术

■ 2000年5月10日出席全国小麦育种学术研讨会（前排右十四：孙其信，右二十：陆懋曾，右二十一：庄巧生，右二十二：李振声，右二十三：辛志勇，右二十四：董玉琛，右二十六：Sanjaya Rajaram，右二十七：何中虎，右二十八：Tony Fischer，右三十一：肖世和）

讨 会 合 影 　2000.5.10·济南

学术楷模

　　1984—1987年，庄巧生担任国际玉米小麦改良中心（CIMMYT）理事会理事，对推动我国与CIMMYT之间的双边合作发挥了重要作用。作为中方协调人之一，他积极推动和实施了我国与澳大利亚联邦科学和工业研究组织（CSIRO）"综合应用生物技术创造抗黄矮病普通小麦新种质"双边合作研究。

　　长期担任《中国农业科学》《遗传学报》和《遗传》等刊物编委，《中国科学》和《科学通报》副主编，《作物学报》主编，为繁荣学术研究、传播和推广科学技术成果做出了重要贡献。他主编（译）、参编（译）的《植物育种学》《中国农业百科全书·农作物卷》《中国小麦品种及其系谱》《中国小麦学》《中国小麦品种改良及其系谱分析》和《庄巧生论文集》等，成为我国小麦遗传育种领域的经典著作。

【国内交流】

▪ 20世纪50年代中期，欢迎南京农学院李扬汉先生来京讲学（前排右起：庄巧生、周可涌、吴福桢、戴松恩、李扬汉、丁巨波、卜慕华）

■ 20世纪60年代为加强
与冀、晋、豫三省协
作在石家庄召开座谈
会（前排右二：黄佩
民，右三：庄巧生，右
五：焦培桂，右六：王
植璧，右七：智一耕）

■ 1979年应中国科学院植物所邀请，参与商讨不同单位不同学科间协作事宜（前排
左一：庄巧生，左二：李竞雄，左三：鲍文奎，左七：汤佩松，右一：匡廷云）

学术楷模

■ 1981年12月参加全国稻麦玉米抗病性科研讨论会（前排右五：王焕如，右六：王恒立，右七：庄巧生，右八：汪可宁）

■ 1987年10月参加中国科学院遗传所主持的小麦核质杂种和细胞质工程学术讨论会（二排右一：张炎，右二：孙其信，右四：胡含，右五：赵洪璋，右六：常胁恒一郎，右七：Panayatov，右八：庄巧生，右九：徐乃瑜，右十：董玉琛）

■ 1988年国家科委农村科技司司长张尔可考察中国农业科学院作物所小麦单缺体研究成果（右起：李春华、张玉兰、李登春、马缘生、庄巧生、张尔可、孙荣锦、杜振华）

■ 1999年4月参加作物核心种质研究课题启动会（前排右四）

■ 2003年1月与范云六（右四）、刘旭（右一）一同考察中国农业科学院作物所水稻抗白叶枯病种质资源（右三）

学术楷模

【国际交流】

■ 2003年全国政协副主席宋健宴请诺贝尔和平奖获得者N. E. Borlaug和美国农业部著名烟草专家左天觉博士（前排右起：庄巧生、何康、N. E. Borlaug、宋健、左天觉）

■ 1979年8月在波兰植物育种驯化研究所的克拉科夫分所考察（左图，右一：陆懋曾，右二：张文祥，右四：庄巧生；右图，右一：陆懋曾，右二：庄巧生，右四：程祖璻，右五：张文祥）

■ 1981年6月在西德考察（右一：庄巧生，右三：曾道孝，左四：刘后利，左五：程天庆）

■ 1980年代初陪同美国堪萨斯州立大学遗传学教授梁学礼（右五）参观中国农业科学院作物所中圃场小麦试验地（右二：邓景扬，右三：王恒立，右四：庄巧生，右六：杜振华，右八：辛志勇）

学术楷模

■ 1986年访问悉尼大学，同植物抗病遗传教授
R. A. McIntosh（中）在悉尼海滨

■ 1986年初夏与许国雄（右）参观国际玉米小麦改
良中心总部小黑麦品种展示田

■ 1986年初夏参加国际玉米小麦改良中心成立20周年纪念活动，在中心主任H. Hanson（中）家做客
（左一：庄巧生，右一：刘宗镇，右二：周朝飞）

■ 1986年初夏参观国际玉米小麦改良中心小麦试验田（右二：庄巧生，右四：许国雄）

■ 1989年5月在中国农业科学院与参加中澳合作研究项目的成员合影（右起：赵乐莲、李明、林志姗、杜丽璞、陈孝、娄奎福、钱幼婷、周广和、P. Larkin、庄巧生、辛志勇、P. Banks、成卓敏、徐惠君、张崇霞、周希明）

■ 1990年代赴罗马参加联合国粮农组织召开的国际粮食生产现状座谈会，同与会者黄永宁（中，农业部外事司）、刘更另（右）参观罗马古迹

■ 1993年在北京召开第八届国际小麦遗传学大会期间，与英国John Inns Institutes剑桥实验室科学家C. N. Law（左一）和A. J. Worland（左二）教授座谈（右一：辛志勇）

■ 1995年在北京参加中国—CIMMYT小麦育种会议（前排右起：何中虎、庄巧生、S. Rajaram、M. Van Ginkel、杨岩、辛志勇）

■ 1995年陪同国际玉米小麦改良中心主任Tim Reeves（左二）、小麦项目主任S.Rajaram（右二）参观中国农业科学院作物所中圃场小麦试验地（左一：何中虎，左三：庄巧生）

▪ 2017年与国际育种家 Rajaram(左) 和 Thomas(右) 在一起

【图书获奖证书及作者】

■ 参编和主编的科技著作

■ 1962年与王恒立、林世成、朱光焕、卢纬民共同翻译美国著名遗传育种学家H.K.海斯、F.R.尹默和D.C.史密士合著的《植物育种学》，在国内首次系统介绍国际植物育种学现状和进展

■《中国小麦品种及其系谱》1985年获农牧渔业部科技进步奖一等奖

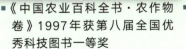

■《中国农业百科全书·农作物卷》1997年获第八届全国优秀科技图书一等奖

■《中国小麦学》1997年获第八届全国优秀科技图书二等奖

■《中国小麦品种改良及系谱分析》2007年获第一届中国出版政府奖图书奖提名奖

学术楷模

■ 1980年代中期《中国农业百科全书·农作物卷》部分编撰者在中国农业科学院大楼前合影（前排右四：金善宝，右二：庄巧生，右三：曾道孝，右一：陈孝，二排左一：诸德辉，左二：吴兆苏，右一：刘恩忠，右二：尹福玉）

■ 1989年9月在《中国小麦学》编撰会上（北京市东城区某宾馆）与编撰者合影（前排右一：赵德芳，右二：王眘之，右四：诸德辉，右五：庄巧生，右六：金善宝，右七：吴兆苏，右八：王恒立，右九：胡含）

【著作手稿】

■《中国小麦品种改良及系谱分析》专著部分手稿

学术楷模

【良师益友】

■ 1980年代与课题组成员参观游览中华民族园（右起：孟繁华、周骏芳、范家骅、陈新民、曾浙荣、徐育成、李英婵、曾启明、庄巧生、庞家智、周桂英、孙芳华、刘俊秀、崔淑兰、李学渊）

■ 2000年代初与何中虎（右，现任课题组长）在试验地交谈

■ 1980年代在中国农业大学参加研究生论文答辩会 [左起：刘广田、郭平仲、庄巧生、杨作民、胡道芬、王恒立、张树榛（导师）、王树安]

■ 1997年8月9日作为主任委员（前排右一）参加董玉琛（前排右四）的博士研究生刘旭（前排右三）、李立会（前排右二）论文答辩

学术楷模

▪ 2001年7月担任博士研究生孔繁晶（前排右二）、原亚萍（前排右四）论文答辩委员会主任委员（前排左二：庄巧生，左四：导师陈孝）

▪ 2011年6月5日在中国农业科学院昌平试验基地考察小麦新品系（左起：陈新民、何中虎、张艳、庄巧生，左六：王德森，左七：夏先春，左九：李思敏）

■ 2016年与中国农业科学院作物科学研究所小麦种质资源与遗传改良创新团队合影（前排中）

■ 2016年与课题组成员在中国农业科学院试验地（前排左五）

学术楷模

【科技活动】

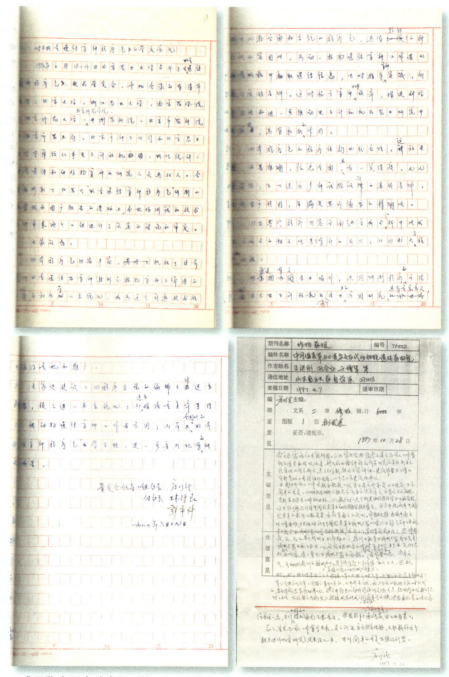

■ 成果鉴定及审稿意见手稿

■ 1993年参加赵明（二排左四）主持召开的第一届全国青年作物栽培作物生理学术讨论会（二排右四起：汪定淮、吴景锋、过益先、庄巧生、陈万金、李春华，前排右四：杜娟）

■ 2000年12月19日与参加《作物学报》编委会扩大会议的代表合影（前排右起：陈孝、方粹农、莫惠栋、孙桂芳、范云六、杨作民、庄巧生、吕飞杰、刘大钧等）

学术楷模

农业部科学技术委员会第五届第一

■ 1992年8月参加农业部科学技术委员会第五届第一次会议（前排右一）

■ 2003年2月11日在北京市农林科学院参加北京市农业生产顾问团新老
成员聚会（前排左四）

■ 2004年与中国农业科学院作物科学研究所第一次学术委员会成员合影
（前排右起：邱丽娟、陈受宜、董玉琛、方智远、庄巧生、范云六、王连铮、
戴景瑞、贾继增，后排右六：辛志勇，右九：万建民，右十二：张保明）

学术楷模

论著（文）目录

沈骊英，张宪秋，庄巧生.1940.贵州之小麦.经济部中央农业实验所特刊：第24号.

庄巧生.1942.遗传因子之生理作用.中华自然科学社：科学世界，11(5)：259-272.

T.C. Chin, C.S. Chwang.1942.The cytology of "blue" wheat hybrids. Indian J. Agric. Sci., 12(5): 661-678.

T.C. Chin, C.S. Chwang.1944.Cytogenetic studies of hybrids with "Makha" wheat.Bulletin of Torrey Bot. Club, 71(4): 356-366.

庄巧生，稻权次郎，北平农事试验场.1948.冻前灌水与小麦冬害之研究.农报，13(4)：2-9.

庄巧生.1950.回交与小麦抗病育种.哈农学报，1：41-44.

庄巧生.1950.从华北小麦生育情况谈到抗锈品种与育种问题.农业科学通讯，5：7-9.

庄巧生.1951.简化小麦杂交后代处理方法的几点意见.农业科学通讯，2：24-25.

庄巧生.1951.环境与小麦的品质.农业科学通讯，9：32-34.

庄巧生.1951.华北冬小麦抗锈育种取材上的一点意见.农业科学通讯，11：19-20.

庄巧生，李希达.1951.提高华北小麦单位面积产量的意见.农业科学通讯，11：5-7.

庄巧生.郑丕尧.1958.西藏农业概况//西藏工作队农业科学组：西藏农业考察报告.北京：科学出版社，60-86.

庄巧生，郑丕尧.1958.拉萨农业试验场1953年农作物试验工作总结//西藏工作队农业科学组：西藏农业考察报告.北京：科学出版社，289-317.

庄巧生，赵德芳.1956.衡水地区旱地小麦品种整理初步报告.河北农业科学研究所研究报告总结，1：1-18.

庄巧生.1957.谈谈与小麦增产有关的问题.中国农报：增刊，10：12-15.

华北农科所小麦综合研究组.1956.河北山西冬小麦栽培技术研究(1953-1955).北京：财经出版社.

庄巧生，黄佩民，刘锡山，刘明孝，冀枫.1959.1958年冬小麦高产试验田的主要经验.农业学报，10(1)：5-16.

黄佩民，庄巧生.1959.在苗期看冬小麦的合理密植程度.农业学报，10(2)：86-101.

庄巧生.1959.加强春季麦田管理防治徒长倒伏.农业科学通讯，4：134-135.

庄巧生.1959.对1959年秋播小麦技术措施的意见.农业科学通讯，17：580-589.

庄巧生.1961.小麦栽培的生物学基础//金善宝主编：中国小麦栽培学.北京：农业出版社，71-171.

庄巧生.1961.选用良种　创造良种.中国农报，1：28-31.

庄巧生.1961.我国育种方法的新进展.中国农业科学，3：51-53.

庄巧生，沈锦骅，王恒立.1962.自花传粉作物性状遗传力的估算和应用.作物学报，1(2)：179-196.

海斯，尹默，史密士.1962.植物育种学.庄巧生，林世成，王恒立，朱光焕，卢纬民，译.北京：农业出版社.

庄巧生，王恒立，曾启明，李英婵，李登春.1963.冬小麦亲本选配的研究：杂种第一代优势和配合力的分析.作物学报，2(2)：118-130.

王恒立，庄巧生，曾启明，李英婵，李登春.1963.冬小麦性状遗传力的初步研究.作物学报，2(2)：177-184.

庄巧生.1972.北京10号冬小麦的选育//北方冬麦区育种协作会议文集.

庄巧生.1973.小麦杂交育种中亲本选配和后代选拔的一些问题.遗传学通讯，1：8-13.

庄巧生.1975a.小麦杂交育种的亲本选配(上).遗传与育种，3：12-13.

庄巧生.1975b.小麦杂交育种的亲本选配(下).遗传与育种，4：9-10.

庄巧生.1975.早熟半矮秆冬小麦北京11号和北京15号的选育。遗传学报, 2(3): 193-201.

Mather K. ,G.L.Ginks. 1981.生统遗传学导论.冯午, 庄巧生, 莫惠栋, 译.北京:农业出版社.

庄巧生, 陈孝.1983.中国小麦育种中亲本选配的基本经验//金善宝主编,中国小麦品种及其系谱.北京:农业出版社,294-332.

赵双宁, 李培, 曾浙荣, 台建祥, 庄巧生.1986.北京地区冬小麦品种冠层机构的研究.作物学报, 12(4): 217-224.

庄巧生, 王恒立.1987.小麦育种理论与实践的进展//"六五"小麦育种协作攻关学术经验交流会议论文集.北京:科学出版社.

王光瑞, 林晓曼, 曾浙荣, 庄巧生.1989.我国小麦主要优良品种的面包烘烤品质研究(1985-1987年总结报告).中国农业科学院作物育种栽培研究所专刊.

Plucknett D.L. 等. 1990.基因库与世界粮食.许运天, 庄巧生, 译.北京:世界图书出版公司.

庄巧生, 余松烈, 于振文.1990.抓好小麦增产措施 促进粮食高产稳产//中国粮食发展战略对策.北京: 农业出版社,401-415.

金善宝, 庄巧生, 李竞雄, 黄佩民, 卢良恕.1991.中国农业百科全书·农作物卷. 北京:农业出版社.

庄巧生, 过益先, 吴景锋.1993.中国科学技术专家传略·农学编·农作物卷I. 北京:中国科学技术出版社.

庄巧生, 王连铮, 过益先.1993.中国科学技术专家传略·农学编·农作物卷II. 北京:中国科学技术出版社.

Q.S. Zhuang, Z.S. Li.1993.Present status of wheat breeding and related genetic study in China.Wheat Information Service, 76: 1-15.

Q.S. Zhuang, Z.S. Li.1993.Present status of wheat genetic study in China.Proceedings of 8th International Wheat Genetics Symposium, 11-18.

庄巧生, 杜振华.1996.中国小麦育种研究进展(1991-1995)//"八五"小麦育种攻关研究论文集. 北京:中国农业出版社.

金善宝, 庄巧生, 黄佩民, 余松烈, 王恒立.1996.中国小麦学. 北京:中国农业出版社.

庄巧生.2003.中国小麦品种改良及系谱分析. 北京:中国农业出版社.

何中虎, 林作楫, 王龙俊, 肖志敏, 万富世, 庄巧生.2002.中国小麦品质区划研究.中国农业科学, 35(4): 359-364.

何中虎, 晏月明, 庄巧生, 张艳, 夏先春, 张勇, 王德森, 夏兰芹, 胡英考, 蔡民华, 陈新民, 阎俊, 周阳.2006.中国小麦品种品质评价体系建立与分子改良技术研究.中国农业科学, 39(6): 1091-1101.

何中虎,夏先春,陈新民,张艳,张勇,王德森,夏兰芹,庄巧生.2007.小麦品质改良研究回顾与展望.中国农业科学, 40(增刊1): 91-98.

何中虎, 夏先春, 陈新民, 庄巧生.2011.中国小麦育种进展与展望.作物学报, 37(2): 201-215.

何中虎, 兰彩霞, 陈新民, 邹裕春, 庄巧生, 夏先春.2011.小麦条锈病和白粉病成株抗性研究进展与展望.中国农业科学, 44(11): 2193-2215.

世纪麦翁

　　天行健，君子以自强不息。

　　清寒学子庄巧生22岁与小麦结缘，八十四个春秋与祖国的农业科研事业同行。烽火硝烟中没有他战地英雄的身姿，救亡图存的路上也没有留下他的豪言壮举。他的战场在麦田，在试验地，在实验室；他脚下的路，是阡陌交通，是高原石砾，是用一生去攀爬的高坡！

　　在同侪眼里，他是刚毅严谨的学者；在后辈心中，他是一座高山。可他却说自己只是教人种麦的农夫，帮扶后辈的推手。他培育了十多个优良的品种，是麦区会战的总指挥，可他更愿意被人称为"世纪麦翁"。

世纪麦翁

【美满家庭】

■ 庄巧生夫妇
（1947年）

■ 1963年全家福
（北京中山公园）

世纪麦翁

■ 1983年全家福

■ 庄巧生夫妇（1980年代）

■ 1996年全家福

■ 2000年全家福

■ 女儿、女婿和外孙（1991年）

世纪麦翁

■ 1991年和儿女在一起

■ 外孙、外孙媳妇和重孙（2014年，北京回龙观小区）

■ 2016年与女儿在中国农业科学院

■ 2017年与女儿和儿子在中国农业科学院

世纪麦翁

■ 2017年与家人在中国农业科学院

■ 2020年家人为其庆祝生日

【故交好友】

- 1951年华北所冬小麦研究室部分成员及子女游览颐和园（庄巧生摄影，左起：曾道孝、张锦熙、杨培园、宁守铭、朱光焕）

- 1954年华北所小麦室和遗传栽培室同事欢迎庄巧生（左四）从西藏考察归来（左一：赵继兰，左二：李英婵，中：董玉鳌，右五：胡启德，右四：钱曼懋，右二：李璠）

■ 1954年与即将援
藏的董玉鳌（右）
合影

■ 1964年与金陵大学同班同学黄率诚（左四）在中央社会主义学院同期同班同组学习（右五：庄巧生）

■ 1964年与成都金陵大学同学在北京中山
公园合影留念（左起：张德常、黄率诚、
庄巧生）

■ 1983年在家中与从美国回来探亲的大学同学过智华（左）
相聚

■ 1980年代初在浙江农业大学拜访小麦界前辈陈锡臣（左二：陈锡臣，左三：庄巧生）

■ 1996年与从美国回来探亲的原北平农事试验场老同事张宪秋合影（右起：邱式邦、胡济生、
张乃凤、张宪秋、庄巧生、黄佩民）

■ 2005年原北平农事试验场老同事相聚（右起：黄佩民、李希达、刘锡山、庄巧生、陶国华、曾道孝、刘恩忠）

■ 1980年代与小麦抗病育种专家合影（右起：赵洪璋、庄巧生、吴友三、王焕如、王恒立、颜济）

■ 1980年代与中国农业科学院民盟成员合影（前排右三：庄巧生，右一：方粹农）

世纪麦翁

■ 2000年12月19日与小麦品种改良相关学科良师益友在一起（左起：刘大钧、杨作民、庄巧生、莫惠栋）

■ 与玉米遗传育种学家李竞雄（右二）、刘纪麟（右一），油菜遗传育种学家刘后利（左一）在华中农业大学（年份不详）

■ 1990年代初与鲍文奎院士（右一）、李竞雄院士（右二）在一起

■ 1996年11月拜访中学同学李铭新夫妇（中：庄巧生）

■ 1990年代与作物所赴CIMMYT访问学习人员合影（右起：庞家智、陈新民、肖世和、林志珊、孙芳华、王山荭、张艳、何中虎、庄巧生、杜振华、张世煌、李学渊、黄长玲、罗永辉、牛增山）

世纪麦翁

■ 1990年代初与杨作民先生（右）在一起

■ 1990年代在南京与南京农业大学教授
刘大钧（右）相聚

■ 2000年前后与从美国回来探亲的大学
同学、同乡胡国显（左）同游颐和园

■ 2000年12月20日与益友莫惠栋（右）合影

■ 2001年在家中与原华北所同事、河南省农业科学院院长赵德芳
（左）相聚

■ 1998年与山东农大教授李晴祺（左）在一起

■ 1999年5月24日在家中与阔别60年的大学同学、湖南农业大学教授、麻类学专家李宗道（左）相聚

■ 2000年与北京市农林科学院的同事合影（前排右起：黄慕玉、王富芳、朱维云、庄巧生、王婉仪、李英婵，后排右起：娄永泉、张尔可、方成梁、陈国平、陈强生、李鸿祥）

世纪麦翁

■ 2001年金陵大学北京校友在京聚会（戴红花者年过85岁，前排右三：庄巧生，后排右二：卢良恕）

■ 1990年3月在第七届全国政协会议上与大学同学、农业机械专家张季高（右）合影

■ 1990年3月在第七届全国政协会议上与水稻栽培专家、同事过益先（右）合影

■ 2001年10月31日在中国农业科学院宴请老同事（前排左起：赵德芳、庄巧生、曾道孝、黄佩民）

■ 2003年在家中与同乡同事陈国平（左）、凌忠专（右）在一起

■ 2008年5月7日在章琦（后排右三）、阙更生（后排右二）夫妇家做客（前排右：庄巧生，左：范云六，后排右一：万建民）

世纪麦翁

■ 90华诞庆生宴（前排右起：杜振华、张尔可、曾启明、董玉琛、庄巧生、李英婵、马缘生、钱曼懋、查如璧，
后排右起：赵中民、王永和、许有温、王光瑞、张文祥、尹福玉、陈孝、刘俊秀、孙芳华、赵乐莲）

■ 2015年参加百岁华诞庆祝活动

■ 2015年李家洋院长（右二）与陈萌山书记（左二）祝贺庄先生百岁华诞

■ 2015年百岁华诞会场

世纪麦翁

■ 与李振声院士（左二）等欢度2016年春节

■ 2016年李振声院士（左五）和陈萌山书记（左七）等祝贺庄巧生生日

■ 2017年李振声院士（左四）等参加庄巧生生日聚会

■ 2018年张合成书记（右二）看望庄巧生

■ 2018年与小麦育种家蔡旭院士的两个儿子在一起

世纪麦翁

■ 2019 年生日与课题组成员合影

■ 2020年钱前所长（右二）拜访庄巧生

尊敬的庄先生，各位师兄、师姐、师弟、师妹们：

今天，大家欢聚一堂，为我们敬爱的庄先生庆贺九十大寿，我高兴和激动的心情难以言表。

四十四年前，我有幸在庄先生的领导下学习和从事冬小麦遗传育种研究工作，共同度过了十七个难忘的岁月。1978 年我去国家科委工作，一晃又过去二十多年。虽然，我离开庄先生和同伴们，我的心却牵挂着大家，每当获知在庄先生的领导下，我们的课题组培育出一个又一个的小麦新品种；撰写出许多有价值、有分量的学术著作；后起之秀正在茁壮成长，我的心和大家一样都为之高兴和欣慰。特别是得知庄先生虽年事已高，仍在孜孜不倦地继续作贡献，我更为之深深感动、敬佩。在今天这美好的日子里，我想借此机会向庄先生致以崇高的敬礼，并道一声辛苦，您为国家和人民作出的贡献将载入史册，人们会永远感谢您。

回顾自己一生成长的经历，我曾得到过许多可敬可爱师长们的关怀和教导，我将永远怀着感恩的心情记住他们。其中最令我们敬佩的当属庄先生，您渊博的学识、严谨的科学作风、高尚的人格品德对我影响最为深刻。在我几十年的工作中，如果曾为国家和人民作过一些有益的事情，这首先得益于庄先生的教导和培养。庄先生是我的恩师，古人曰：恩师如父，我今天就是怀着这种心情来为庄先生祝寿的。在今天这样短促的时间里，对庄先生一生的功绩难以一一表述，我将其归结为四句话：**献身事业精神可敬可佩；治学严谨学风正派过硬；身先士卒为人师表堪称楷模；育种育人学术著作丰盛。**

为了表达对庄先生九十寿辰的喜庆心情，在匆忙中我写了一首打油诗献给先生，敬请笑纳：

> 喜看麦田千重浪，
> 笑对弟子聚满堂；
> 今日同庆九旬寿，
> 十年再敬百岁觞。

学生  敬上

二〇〇五年四月二十九日

■ 原国家科委农村科技司司长张尔可祝贺庄先生九十寿辰（贺词）

世纪麦翁

Nov 22, 2014

Subject: **Congratulations on your 100 years birthday**

Dear Prof. Zhuang:

I am writing to express my sincere congratulations on your 100 years birthday and wish you a very good health and a successful celebration in Aug 2015.

I had the great honor to work with you for establishing CIMMYT-China collaboration. It was very challenging and even difficult at beginning since China just started its open policy, your wise approach and patience has made CIMMYT-China shuttle breeding extremely successful and eventually with the establishment of CIMMYT China Office in 1997. With your continuous supports, CIMMYT and China have significantly expanded their collaborations, and six joint research programs including these in Sichuan, Yunnan, and Ningxia, are well operated at present, with eight CIMMYT scientists posted in China. This partnership has significantly benefited China in various aspects including training and provision of germplasm, and benefits other developing countries as well. I was very honorable to be selected for the World Food Prize in 2014, and my personal achievements in wheat breeding have largely been due to the significant contributions of our collaborators such as you.

I am also very grateful to your nomination of Zhonghu He as CIMMYT postdoctoral fellow in 1989, and this has made history since he is the first CIMMYT wheat scientist from China with the largest wheat production in the world. Zhonghu has established and led an international recognized CIMMYT-CAAS wheat breeding program, and his achievements have been well recognized both in China and at international community. In 2012, Zhonghu was promoted to Distinguished Scientist, a very rare category at CIMMYT. Your supports for Zhonghu in the past 20 years were also highly appreciated.

Again your supports to my career development and to CIMMYT are always very valuable and wish you enjoy an excellent health.

Sincerely yours

International Maize and Sanjaya Rajaram
Wheat Improvement Center
Km. 45, Carretera
Mexico-Veracruz
El Bátan, Texcoco,
Edo. de Mexico
C.P. 56130 Mexico   Emeritus Distinguished Scientist and Former Wheat Program Director, CIMMYT
E-mail: cimmyt@cgiar.org   Laureate of World Food Prize
web site: www.cimmyt.org

■ 国际知名小麦育种家 Rajaram 博士祝贺庄先生百岁华诞（贺信）

【领导关怀】

■ 1990年代农业部部长刘江（右三）、副部长洪绂曾（右五）、王连铮（右二）来家看望庄巧生（右四）

■ 2018年春节前农业农村部部长韩长赋（右二）看望庄巧生（右一：唐华俊院长，左一：何中虎）

世纪麦翁

■ 1994年11月5日科技部副部长邓楠（左二）来中国农业科学院视察，在作物所看望庄巧生院士（右一）、鲍文奎院士（右二）

■ 1990年代北京市副市长王涛（左三）来家看望庄巧生（右二）

【荣誉证书】

- 1978年参加全国科学大会，与部分获奖代表在北京友谊宾馆合影留念（后排左一），主持选育的北京8号、北京10号冬小麦品种获奖（集体获奖证书），并荣获先进工作者表彰

世纪麦翁

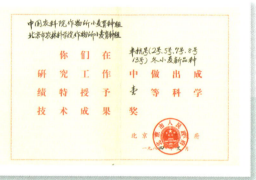

■ 1984年丰抗号冬小麦新品种获北京市一等科学技术成果奖

■ 1984年"冬小麦单倍体育种研究"（京花1号）获北京市科学技术委员会特等科学技术成果奖

■ 1984年兼抗条锈病、叶锈病和白粉病的稳产高产冬小麦新品种丰抗8号获农牧渔业部技术改进一等奖

■ 1987年主持的"全国大区级小麦良种区域试验'六五'成果及其应用"获国家科学技术进步奖二等奖

■ 1991年"冬小麦新品种选育专家系统"获农业部科学技术进步奖二等奖

■ 1992年"综合应用生物技术创造抗黄矮病普通小麦新种质"获农业部科学技术进步奖一等奖

■ 2008年"中国小麦品种品质评价体系建立与分子改良技术研究"获国家科学技术进步奖一等奖

■ 1995年荣获何梁何利奖（前排左一）

世纪麦翁

■ 2007年出席"庄巧生小麦奖励基金"颁奖典礼（右起：李振声、郭进考、庄巧生、赵振东、董玉琛）

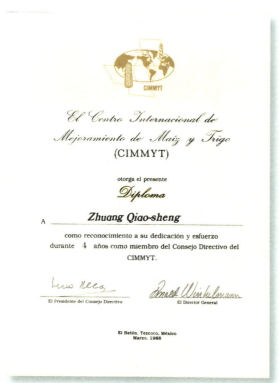

■ 1988年获CIMMYT荣誉证书

■ 1983年当选北京市人民代表大会代表

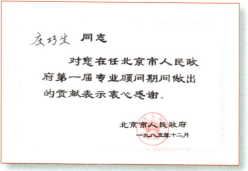

■ 1985年荣获北京市人民政府（第一届专业
　顾问）感谢证书

■ 1985年获各民主党派工商联为四化服务先进集体先进个人代表表彰大会奖励

■ 1990年荣获全国农业劳动模范称号

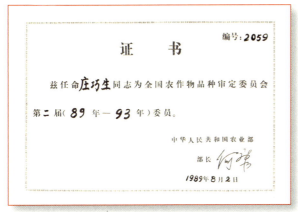

■ 1989年农业部"第二届全国农作物品种审定委员会委员（1989-1993年）"聘书

■ 1991年中国科学技术协会第四届全国委员会委员聘书

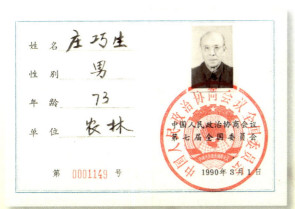

■ 1990年当选中国人民政治协商会议第七届全国委员

■ 1991年获国务院颁发的享受政府特殊津贴证书

■ 1992年农业部第五届科学技术委员会委员聘书

■ 1999年陈嘉庚基金会第三届理事会理事聘书

■ 2007年获中国农业科学院"为我国农业科技辛勤工作五十年"荣誉证书

■ 2009年荣获农业部新中国成立60周年"三农"模范人物

■ 2015年在郑州举行庄巧生小麦研究奖颁奖仪式

■ 2022年庄巧生获第二届国际小麦大会终身成就奖

世纪麦翁

■ 2021年湖南卫视采访庄巧生

■ 2022年大北农集团总裁邵根伙（前排中）向庄巧生小麦奖励基金捐赠仪式

世纪麦翁

【闲暇之余】

▪ 1970年代末在庐山疗养（右：林世成）

▪ 1981年在福州市区观光（中：沙征贵，左：曾观惠）

▪ 1980年代访问山东省烟台农科所（右六：庄巧生，右五：王恒立）

■ 1984年陪金善宝院长（中）参观半坡遗址（右一：尹福玉，右二：庄巧生，右四：王玉成）

■ 1983年在哈尔滨太阳岛（右一：陈孝，右二：庄巧生，右三：祁适雨，右五：刘书旺）

■ 1984年陪友人参观秦兵马俑博物馆（右起：庄巧生、米景九、季道藩、丁巨波、刘大钧）

世纪麦翁

■ 1987年在武当山（右三）

■ 1995年在成都杜甫草堂（右起：宋荷仙、石社民、庄巧生、曾启明、周朝飞、饶世达）

■ 1995年与农业部第五届科技委员会成员赵德芳（右五）、石德全（右八）等在八达岭长城（右四：庄巧生）

■ 北京世界公园（1990年代）

■ 山东威海（1998年）

世纪麦翁

■ 1998年与北京市农林科学院董克勤院长（右）、诸德辉研究员（左）在山东威海

■ 2000年在北京植物园（左起：刘志澄、庄巧生、刘更另）

■ 2000年 在 北京植物园（右：方智远）

■ 2001年游览长城（左起：庄巧生、邱式邦、吕飞杰、王红谊、范云六、董玉琛、胡含、罗明典）

往事追忆

不断创新　学界楷模

王连铮

中国农业科学院

我和庄巧生先生相识于1957年7月。当时他到黑龙江省指导小麦育种和区域试验，我在黑龙江省农业科学研究所作物育种系从事小麦育种研究工作，我和课题主持人沙锡敏研究员全程陪同。他深入了解黑龙江省农科所育种系和克山农科所的田间工作，并做学术报告，深受大家欢迎。当时克山农科所正在示范肖步阳研究员培育的小麦新品种"克强"和"克壮"，庄先生对这两个品种给予了充分肯定，还跟大家交流了育种经验。他的工作作风给我留下了深刻印象。

20世纪80年代中期，中国农业科学院组织全国专家编写农业百科全书，庄先生担任农作物卷负责人，王金陵先生和我参与了大豆条目的编写工作。他对工作极端负责的精神激励大家认真完成了任务，终于使《中国农业百科全书·农作物卷》成为公认的精品。

1987年12月，我调到中国农业科学院工作，与庄先生的接触更多了，对他领导的小麦育种课题组所取得的成就有了更全面的认识。20世纪50年代中后期至80年代后期，他们先后育成了华北187、北京8号、北京10号、12057、丰抗8号、丰抗2号、北京837和北京841等大面积推广的新品种，为发展我国小麦生产做出了杰出贡献。他在小麦遗传育种理论方法上也有很多建树，写出很多有见解的论文，我有幸成为已出版的《庄巧生论文集》的编委之一。他热心培养助手和青年一代，为了事业后继有人。他担任全国小麦育种攻关课题主持人，一丝不苟，认真负责，精心组织全国同行团结协作，培育出一大批优良品种，在生产中发挥了重要作用。

即便近几年年纪大了，他仍坚持深入生产实际。2001年和2012年，我同他一起参加在天津宝坻和武清举办的小麦新品种中优9507和中麦175现场观摩会，后者表现更突出，综合性状优良，已成为北部冬麦区第一大品种和黄土高原旱肥地的主栽品种。

他关心中国农业科学院和作物科学研究所的发展，多次参加院所学科发展讨论会，而且经常提出中肯意见。记得有一次院里讨论学科发展方向，他就作物科学的发展提出了极为重要的意见。

庄先生十分重视中国作物学会工作，曾先后担任副理事长和理事长，对作物学会的发展做出了重要贡献。他精心组织学术活动，确定主题，邀请报告人和重点讨论的问题等；他作风民主，大事均在常务理事会上讨论决定。庄先生担任《作物学报》主编多年，为学报发展做出了杰出贡献，他还曾帮助解决作物学报过去的欠款。

庄先生十分注重国际学术交流，曾任国际小麦玉米改良中心理事，并和该中心诺贝尔和平奖获得者诺尔曼·布劳格（Norman Borlaug）及美国农业部顾问、著名烟草专家左天觉等交往很深。布劳格了解庄先生的科技成就，曾建议中国农业科学院推荐他为世界粮食奖的候选人。

在一篇短文中很难将庄巧生先生的学术思想、科研成就、工作精神、崇高品德等介绍出来，仅将我所记忆的点滴往事做个回顾。

2015年5月

在庄巧生精神感召下

程顺和

江苏里下河地区农业科学研究所

庄巧生先生是我国小麦科学的奠基人之一，是小麦育种界德高望重的长者和导师，他严谨细致的身教和对我国小麦育种事业赤诚的情感，给大家留下了深刻的印象。他严谨的学术作风和对后人的关怀，使众人获益良多；他求实敏锐，指引一代代后来人的方向；他谦逊平和，影响着后来人的学风。在以庄先生为代表的一批前辈科学家影响下，小麦遗传育种界已经成为一个互相帮助、互相支持、团结协作的集体，并形成了良好的传统。值此先生百岁华诞之际，我怀着敬重的心情，回顾与先生交往中几件难忘的事，并记录下我受先生启发对小麦育种的几点新认识。

20世纪90年代，基层科研单位出国进修的机会很少，当时江苏里下河地区农科所获得一个国家留学基金委的项目，但我们不能确定到哪个单位更适合，就向庄先生请教。他说要学习小麦育种的话，还是到CIMMYT去。后来，我们就选择了CIMMYT，在试验田里泡了两三个月，选了几千个单株，其中包括Mujeeb-Kazi的90多份人工合成小麦。回来发现绝大部分赤霉病都很重，只有3份能达到中抗水平。现在，我们正在用其作为供体来构建片段代换系，从中挖掘抗赤霉病为主的诸多优良农艺性状。

21世纪初，有一次去看望庄先生，他问我长江中下游的小麦株高能不能再矮一些？庄先生的提问简洁明了，直指问题本质。我意识到，他始终在考虑全国各大麦区要解决的关键问题，长江中下游尤其是江苏的小麦产量水平已经从全国最高落到黄淮麦区的后面；国内外用矮秆基因解决了倒伏问题，增加了群体生物量和收获指数，使全球小麦产量大幅度提高。时至今日，长江中下游仍然处于产量潜力的爬坡状态，还是应该以包括株高在内的株型改良为手段提高群体生物量。

还有一次，庄先生问我扬麦158赤霉病抗性很不错，能达到什么水平？我回答说能达到中抗水平。他又问和苏麦3号相比能不能达到它的抗性水平？我回答说当然还是苏麦3号抗性好，要达到它的抗性还有很长的路要走。虽然北方麦区的赤霉病很少，但庄先生仍然关注着这一南方麦区的重要问题。

许多年过去了，我一直在思考与实践先生所提出的问题，长江中下游的小麦赤霉病仍是一个未被攻克的世界性难题。而且，由于暖冬、降水、玉米秸秆还田和灌溉面积扩大等因素，赤霉病正逐年北移，已经成为黄淮麦区的重要病害；虽然对赤霉病的研究工作从过去的抗病种质、遗传规律、病原菌、致病机理、鉴定方法等转向了现在的分子生物学研究，然而对上述基本问题的认识还大致停留在原有水平，这在一定程度上影响了赤霉病问题的解决。要解决小麦赤霉病的问题，应集中力量攻关。首先要研究其综合成因，解析抗病与感病的遗传基础，重视病害鉴定方法研究，发挥分子生物学等新技术的优势，在病菌与寄主互作的分子机制上寻求突破。

在庄先生的启发下从事小麦育种工作，我有以下几点感悟。第一，育种就是"创造变异，选择变异"的过程。分子生物学技术除了用于创新种质、选用亲本外，更要用于评价组合，提高育种群体理想基因型的频率。第二，关于"选择变异"，必须采用自然选择（同一地点创造不同生态环境和不同生态区多点鉴定筛选）和人工选择（人的感官、信息化感知技术等）相结合的方法，分子标记必须在目的单株的前景（好基因和坏基因）选择与背景选择中发挥作用。第三，当前强调商业化工程化育种，"分项转育，聚合提高"是一条值得重视的路线。把重要目标性状用滚动回交的方法转入广适、高产品种，育成作为工程化育种"零部件"的中间材料或品种，然后组装成适应不同市场需求的各类品种。

在传承庄巧生先生等老一辈小麦育种学家事业的道路上，我们使命神圣，责任重大；在庄先生精神的鼓舞下，我们团结奋发，豪情满怀。

2015 年 5 月

往事追忆

缅怀庄老对我的教诲和引领

刘　旭

中国农业科学院

庄巧生先生是我国小麦遗传育种界继金善宝院士之后的又一代领军人物，我和他的接触不是最多的，但他对我的影响、教诲、引领却是最大的。在与庄老的交往中，深深感受到他是严谨的学者、崇德的贤者、睿智的师者，堪称中国小麦学的一代宗师。2022年5月8日他因病不幸去世，永远离开了我们，这让我更加缅怀他对我的教诲和指导。

1980年，我考入中国农业科学院研究生院攻读作物遗传育种专业硕士学位，由于当时在原品种资源研究所读书，后来又留在该所工作，因而听到了许多老先生的事，但直到1993年才第一次亲耳聆听庄先生的教诲。那时我第一次申请国家自然科学基金项目，经许运天先生介绍，请庄先生对申请书初稿提出修改意见，几天后他亲自给我打电话，让我到他家讨论申请书一事。我忐忑地走进了庄先生家，十分崇敬地站着，他和蔼地说"坐下，坐下，不要拘束"。他跟我详细谈了对申请书的看法和修改建议，初稿上有许多用铅笔写的如楷书一样的密密麻麻小字，既有修改，也有批注，还有对标点的修订，使我深受感动。年近八旬的院士对后生能如此认真地指导，彰显了庄先生严谨的科学作风与诲人不倦的师者风范。当年这个基金项目获得资助，庄先生非常高兴，并打电话鼓励我继续努力。1997年，庄先生担任我的博士学位论文答辩委员会主席，有幸再次得到他的具体指导。

庄先生不仅在新品种选育方面做出突出成绩，还先后编著了《中国小麦品种及其系谱》《中国农业百科全书·农作物卷》《中国小麦学》等一系列专著。这几本著作的主编都是金善宝院士，由于当时金老年事已高，主要工作都是由庄先生构思、组织专家讨论撰写，并由他统稿、审定的，而他总是说这是协助金善宝院士完成工作，可见其品德之高尚、贤者之精神。庄先生在《中国小麦品种及其系谱》中提出了关于骨干亲本的概念、作用与意义，得到国际小麦界很高的评价。我的许多工作思路、研究方法，以及后来与李立会合作提出"973计划"中作物骨干亲本的研究都源于庄先生的这一思路。2003年，他主编的《中国小麦品种改良与系谱分析》出版，庄先生亲自签名为我赠书，还对我提出了新的更高的希望，我感到万分荣幸，倍感责任重大。

庄先生还善于把握学科新的发展方向。20世纪80年代中期，庄先生呼吁全国重视品质问题，并在自己领导的课题组建立了为育种服务的小麦品质实验室，还开展了开创性的研究工作。20世纪90年代初，庄先生又从国外引进何中虎博士并委以重任。目前中国农业科学院的小麦品质研究在国内外都有较大影响，相关研究成果获2008年国家科技进步奖一等奖，并且新品种选育也已走出低谷，这与庄先生的高瞻远瞩和具体指导是分不开的。近几年，庄先生又十分关注国外引种问题，几次对我讲要高度重视国外引种工作，并强调说我国几乎每一个大面积推广的品种都有国外品种血缘。2013年，他还致函汪洋副总理，建议加强主要作物国外引种与国际合作。2015年春节前，我去医院看望他，尽管他当时身体不太好，但一谈到引种工作，就精神十足，滔滔不绝。我们只有认真做好国外引种及其相关研究，进而推动全国小麦遗传育种工作再上新台阶，才能不辜负庄先生的教诲，无愧于国家对我们的培养。我们将永远铭记庄先生的教诲和指导。

庄先生千古！

2022年5月

沉痛悼念学术楷模庄巧生

万建民

中国农业科学院

全国同行十分尊敬和爱戴的庄巧生先生于2022年5月8日不幸仙逝，这是中国作物科学界的重大损失。虽然我和他年龄相差近50岁，但庄先生既是我的校友、也是学术上的朋友，中国农业科学院作物科学研究所和我个人的发展都得益于他的指导和帮助。

我于2003年应聘担任作物科学研究所所长兼遗传育种学科一级岗位杰出人才，这对我来说是一个巨大的挑战。先前我一直在南京农业大学工作，行政经验不足，对科研单位的工作了解较少，更为重要的是，作物科学研究所是由原来的作物育种栽培研究所、品种资源研究所与原子能利用研究所辐射育种室重组而成，工作难度可想而知。在来农科院之前，我对庄先生就有所了解。他早年毕业于南京（成都）私立金陵大学农学院即现在的南京农业大学前身，并被授予金钥匙奖；他的科研成就和严谨学风在农业界广为人知，自然也是母校的骄傲。因此，我到北京后的第一件事就是拜访庄先生，请他给予指导。庄先生非常高兴我到所里工作，说农科院需要新鲜血液，并分析了三个拟合并研究所的发展历程及存在问题，还提出了一些宝贵的建议。当然，他总是很谦虚，说自己退居二线，看法可能有偏差。庄先生的鼓励和支持增强了我打开局面的信心和决心，这也是过去近20年作科所工作能够取得显著进展的重要原因。

刚到农科院时，鉴于庄先生已90高龄，我平时不太忍心打扰他，但他对所里工作总是极为关心并给予大力支持。为了统一思路，凝聚共识，作科所每年都要召开作物科学发展战略研讨会，他一直参加到2015年。他不是一般地听听，每次都提前备好几页发言提纲。2012年，96岁的庄先生一口气讲了半个多小时。还有一次，为了能到顺义参加战略研讨会，他让自己的女婿陪他住会。庄先生毕生从事小麦育种工作，热爱并支持育种工作是很自然的。但远不局限于此，他讲得最多的是栽培、种质资源及应用生物技术的发展。他认为，尽管几十年来作物科学的内涵和方法已发生了巨大变化，但作科所还应以应用和应用基础研究为主，兼顾一些基础研究并在几个点上有所突破，敢为人先。由于地理位置的限制，栽培研究难以在主产区有大作为，在尽可能增加对生产发言权的同时，我们应在作物应用生理及偏宏观的战略层次有所建树，这样既能避免与省里同行不必要的竞争，又能发挥作科所的优势。

庄先生十分支持青年人才的成长。作科所的小麦应用基础研究在国内外有一定影响，近

10年育种工作也已走出低谷，这与他和已故董玉琛先生、王连铮先生的努力是分不开的。我所上至70岁左右的知名专家如辛志勇、贾继增、刘秉华，到50岁左右的科研骨干如李立会、张学勇、景蕊莲、马有志、刘录祥、张增艳、何中虎、夏先春等，都得到过庄先生的热心指导和扶持。他还特别支持引进杰出人才，前几年引进的毛龙研究员（生物信息学）、王国英研究员（转基因玉米）、王建康研究员（数量遗传）及赵明研究员（玉米栽培生理）等都发挥了很好的作用。近几年，他更关注30来岁青年人才的成长与引进，以及科研辅助人员的培养与稳定。

我与庄先生是校友，他是长辈，但相处中感觉到他更是学术上的朋友。我曾跟他老人家单独小聚过几次。有一次，我把发表在《自然》《美国科学院院报》及《自然通讯》等杂志的几篇论文送给他指正，没想到他竟打电话给我，说花了几天时间，读了好几遍，初步了解其大意，但还有一些地方没看懂，想听听我的想法。庄先生已是近百岁的老人，还这么认真阅读文献，我深受感动，期望我们都能养成爱看文献、准确把握科技动态的良好习惯。

总之，庄先生对作科所和我国作物科学的发展做出了巨大贡献，他是作科所的自豪和骄傲，是学术的楷模和我们学习的榜样。

庄先生虽然永远离开了我们，但风范永存，农科院和作科所的员工永远怀念他！中国农业科技界的同仁将永远怀念他！

2022年5月

庄先生巧用麦种资源

钱　前

中国农业科学院作物科学研究所

庄巧生先生是中国小麦遗传育种学科的先驱，也是我们作物科学研究所的"镇所之宝"，他的仙逝是作物科学界的巨大损失，更是作科所的巨大损失。

我本人和庄先生结识比较晚，但是我从他的科学贡献和成就中发现，他不仅仅是我国小麦育种的先驱和楷模，更是小麦优异种质资源利用的先驱。传统育种靠经验，他在选用亲本上，善于根据不同亲本材料的特点进行合理搭配，以实现各类种质资源中优异基因的聚合。他以抗逆、丰产、抗条锈病为主要育种目标，选育出北京8号、北京10号等多个良种，增产45亿公斤小麦。特别是他启用了兼抗三锈病和白粉病、后期灌浆快、熟相好的罗马尼亚"洛类"品种做亲本，育成的"丰抗号"系列品种，使华北北部平原恢复了多年不见的金色麦浪，他的科学贡献是巨大的。

2020年8月，我们到西藏进行农作物种质资源收集考察，当地人就介绍，他们种植的小麦品种还是庄先生在50年代引种过去的。1951—1954年庄先生在西藏支边，引入原产西北欧的"肥麦"，率先在世界屋脊——青藏高原上进行冬小麦大规模的引种试验，在调查研究的基础上，提出了"在海拔3 000米到4 000米的西藏河谷农区可以推广种植晚熟冬小麦，并很有可能实现高产"的历史性建议，并得到了中央的认可，"选育推广高产冬小麦品种"由此成为之后三十年西藏农业发展的基本战略。庄先生把小麦种植的海拔高度提升了700米，为西藏居民饮食的丰富起到了重要的推动作用。庄先生是真正的人民科学家。

庄先生非常关心、关注作科所的发展，这两年节日的时候我们去看望他，他每次都紧紧握住我的手反复嘱托，一定要把研究所的事情做好。他的音容笑貌犹在眼前。如今，先生仙去，这么多同行、后辈、同事深切缅怀和追思先生，足见先生在行业之影响，对后辈之提携。

作科所将进一步学习和传承先生的严谨执着的科学精神，服务人民的高尚情怀，以及谦和宽厚的思想境界。我们将永远怀念他！

最后以一首诗作缅怀老先生。

华北系、北京号、丰抗种，殷殷心血，浇灌嘉粮金麦千重浪

中农试、西藏引、作科研，耿耿情怀，驻留大地春风万代名

——晚学钱前敬挽

2022年5月

沉痛悼念庄巧生先生

孙其信

中国农业大学

中国小麦遗传育种学科的主要奠基人之一、著名小麦育种家庄巧生院士于2022年5月8日不幸去世，这是我国农业界的重大损失。我认识庄先生已30多年了，他是我硕士和博士论文答辩委员会的主席，平时对中国农业大学和我个人的指导和帮助也很多。

庄巧生先生领导的中国农业科学院冬麦室与北京农业大学蔡旭教授领导的小麦育种组一直保持良好的合作关系，两个单位也都为小麦产业发展和作物科学进步做出了重要贡献，被同行视为合作双赢的典范。1985年蔡先生去世后，庄先生继续关心支持农大的小麦育种研究和人才培养工作，张树榛教授和杨作民教授等老一辈科学家对此给予高度评价。

1982年至1985年，我在北京农业大学农学系攻读硕士研究生，有幸参加国务院设立的电子计算机农业应用项目。当时，数量遗传分析的新方法和一些多元统计手段在遗传育种工作中的应用已成为国际上的一个重要方向。由北京农业大学黄金龙教授、张爱民和我编制的《数量遗传育种程序包》，利用了当时最先进的286计算机，实现多种遗传分析和统计分析的计算机编程，大大提高了运算速度。1984年6月，庄先生作为组长对《程序包》进行了成果鉴定，他亲自起草并修改了鉴定意见。庄先生对我们的工作给予了充分的肯定和鼓励，这项研究于1986年荣获农牧渔业部科技进步奖二等奖，也是我1988年破格晋升副教授的主要工作业绩。

1985年至1987年，我继续在北京农业大学农学系攻读博士研究生。当时，系统科学和系统工程在国内各行业引起高度关注。我的学位论文尝试将系统科学的理论和分析方法用于作物育种的亲本选配研究，并利用小麦的试验数据进行验证。论文初稿经我的指导老师之一张树榛教授修改后，张先生建议请庄先生评阅。我怀着十分忐忑的心情把论文初稿送给了庄先生。庄先生在评阅意见中的第一句话写到"这是一篇颇有创造性和启发性的论文"。庄先生鼓励创新，让我备受感动和鼓舞，也使我终身受益。庄先生还亲自担任我的博士学位论文答辩委员会主席，对我的鼓励和指导至今还历历在目。他对青年学生的鼓励和支持，让我坚定了投身小麦科研的信心和决心，也让我受益终生。在自己后来培养学生和组建团队的过程中，我时刻谨记先生对我的鼓励和支持，相信我的学生们已经受益，今后还将继续受益。

博士毕业后留校工作，结合博士学位论文及研究工作，我尝试写了《作物育种策略与育

种效率》一文，初稿先后送张树榛教授和黄金龙教授审阅。在发表之前，我请教了庄先生，先生对论文的观点又做了耐心细致的修改和完善。博士毕业以后选什么科研方向进行长远研究，自己一直心里没底。我当时请教庄先生，育种策略可否作为一个长远研究方向。他鼓励说，育种策略的研究很有意义，但是育种学科还是要落实到具体遗传育种工作上来。庄先生的这些教诲，让我避免了走弯路，帮我选对了自己的长远科研方向。

　　以上是我自己在科研工作的起步阶段，从庄先生那里得到的鼓励和支持的三件事。庄先生是我国小麦科研事业的奠基人之一，更是我国小麦人才培养的指路人。中国农业大学师生深切缅怀庄先生。

　　庄先生千古！

2022年5月

追忆往事 缅怀庄巧生先生

赵双宁

中国农业科学院作物科学研究所

一代巨匠庄巧生先生辞世，他为科学献身一生，我亲历的几件往事不时地浮现在我的脑海里。

怀柔基点二三事

1971年，庄先生在作物所怀柔基点庙城小组蹲点。那儿是怀柔小麦主产区，布有小麦品种试验北京8号示范田。他主管小麦，每天天一亮就下地，直奔小麦试验田，观察记载，一干就是一个上午，午休后接着干，直到日落。

点上有同志说庄先生的工作是给小麦品种"相面"，确实如此。你看，他在田间时而记载，时而凝视，时而弯下腰用手轻轻拨动麦秆，试探麦秆弹性……他要把小麦品种的种种表现深深地印在脑子里！在他看来，只有烂熟于心，才能得心应手，应用恰当。

庄先生对北京8号更加关爱，他围着北京8号示范田，不知转了多少圈，他聚精会神，认真挑选单株，希望对它进行复壮，为小麦生产做出更大的贡献。

怀柔基点在半山区和北部山区还分别设有沙峪公社和琉璃庙公社两个点。当时这些地区是小麦种植新区，缺乏种植经验，加之地势较高、严寒、土壤较贫瘠，河滩地沙性强，小麦生产出现不少问题，我们组织了调查，庄先生积极参加。

当时乡村公共交通极为不便，我们基点也没有什么交通工具，调查主要靠"11路"——步行。山区路不好，有时上坡，有时下坡，有时过山涧，有时过小溪，有的小溪无桥，还要摇摇晃晃地过"列石"（在河溪里摆放着一排略高出水面的石头，人可以从上面走过去），或者蹚水过河。考查比较辛苦，庄先生时年五十五岁，年近花甲，更加辛苦。

还有吃饭问题，当时吃"派饭"，有时也会遇到麻烦，有一次我和庄先生在后山铺大队一户人家吃"派饭"，吃的是杏树叶棒糙粥，估计是发酵过的，吃起来有点酸，还有点苦味，不易嚼烂，我都感到很难咽下。庄先生牙齿不好，我想会更难。我小声问庄先生："怎么样？"他回答："还行！"庄先生为解决当地小麦生产问题，不辞辛苦，认真调研，为我们做出了榜样！

往事追忆

庄先生帮我改文稿

上世纪八九十年代，我有幸参加庄先生主持的小麦育种专家系统课题并协助庄先生培养研究生工作，使我有较多机会接触到庄先生的培养和教诲，自感业务和写作水平有所提高。

当时年度计划、中期进展、年度总结、论文初稿完成后，都会呈送庄先生审阅、修改。先生非常认真，蝇头小字写得密密麻麻，有的文稿几乎等于先生给我重写！望着改稿，我感到非常内疚。

有一次我对庄乃姻（庄先生二女儿）说："庄先生给我改文章要花去他多少宝贵的时间啊！"乃姻说："修改文章，我爸从来不含糊，文章只要没发出去，他就要不断修改，有时候我和我姐刚给他抄清，转身又修改了，我们又抄一遍。"

文章署名时，庄先生总是诚心谦让我们晚辈。我们把他的名字放在最前面，而他总是把他的名字勾画到最后，并强调一句："不要再改！"先生谦逊待人，做事认真，精益求精，永远是我们学习的榜样。

要下功夫做好田间试验

北京地区小麦理想株型研究，是我们小麦攻关课题。为探讨不同群体结构下小麦株型表征，试验设计基本苗有10万、15万、18万、20万和22万。为落实试验方案，播种前庄先生总要召集我们一起开会研究，商讨细则，强调田间试验对农业科学研究的重要性。

作物所东圃场、北圃场试验地经过多年耕耘、培肥，总体而言是比较均匀、肥沃的。但是对于较精细的试验，如何控制好微环境，做到田间麦苗分布均匀、个个健壮，就非易事了！庄先生要求我们下功夫做好田间试验，使调查得到的数据可靠。为此，我们按试验小区过秤施足基肥、平整土地，小区内地面高差不能超过3厘米，小区播种量适当增加，出苗后及时查苗、补种、管理，让小苗健壮生长，待麦苗分蘖后，带尺定苗，以达到要求的基本苗数，实现设计要求。结果证明措施可行，庄先生对试验也较满意。

追忆往事，缅怀庄巧生先生！愿先生一路走好，精神永存！

2022年5月

小麦品质育种团队缅怀庄先生

何中虎

中国农业科学院作物科学研究所

庄巧生先生是我国小麦遗传育种学科的主要奠基人之一，他建立并发展了中国农业科学院冬小麦育种团队，包括原来的冬麦组和现在的品质育种团队两个阶段，为我国小麦生产和育种技术的发展做出了巨大贡献。庄先生的仙逝，使我们失去了一位好老师、好朋友，团队几代人非常震惊与悲痛！真诚感谢全国同行和各级领导对庄先生的爱戴和关心。

1939年成都金陵大学毕业后，庄先生曾先后在中央农业实验所贵州工作站、成都金陵大学农艺系、湖北省农业改进所、中央农业实验所（重庆）从事小麦育种研究。1946年8月从美国进修归来，被派到中央农业实验所北平农事试验场任技正（研究员），兼麦作研究室主任，主持小麦育种课题组的工作。1949年北平和平解放时，其更名为华北农业科学研究所，1957年又扩建为中国农业科学院，庄先生就在中国农业科学院作物育种栽培研究所（2003年合并更名为作物科学研究所）从事冬小麦育种研究70多年，直到2018年退休。

他的主要贡献包括三个方面：一是从20世纪50年代初至90年代中期，先后主持育成了北京8号、北京10号、丰抗8号等20多个冬小麦新品种，这些品种和近20年指导参加育成的中麦175和中麦895等在华北地区累计推广约4亿亩，为发展中国小麦生产做出了卓越贡献；二是带头改进育种方法，在推动数量遗传学和计算机在中国作物育种中的应用及改进小麦加工品质等方面做出了杰出贡献；三是在总结小麦育种经验、编著小麦专著和组织协调全国小麦育种攻关、推动国际合作、人才培养等方面的贡献获得全国同行高度评价。由于庄先生对我国小麦遗传育种发展做出了卓越贡献，1991年当选为中国科学院院士，也为20世纪后期建成国家小麦中心奠定了基础。

1989年3月，我的导师、中国农业大学张树榛教授利用参加全国政协会议的机会，当面向庄先生介绍了我的学习情况和个人发展设想。经庄先生推荐，我有幸于1990年11月到国际玉米小麦改良中心做博士后研究，在国际著名小麦育种家Sanjaya Rajaram博士领导的春小麦育种团队工作，随后又到美国堪萨斯州立大学工作半年，1993年5月回到中国农业科学院作科所从事小麦育种研究。1993年至1999年，为了加强作科所的小麦育种工作，经庄先生和时任所长辛志勇研究员等的共同努力，将原来分散在不同课题组的品质研究工作及庄先生所在的冬麦育种组合并重组，形成了小麦品质育种课题组，任命我为负责人。在时任副院长

往事追忆

刘旭院士、时任所长万建民院士和喻树迅院士等历任领导和专家的大力支持下，在北京、石家庄和安阳分别建立了服务不同地区的育种站，建成了设备齐全、运行良好的品质测试实验室和分子标记实验室，形成了一支常规育种、谷物化学、植物病理、应用分子生物学相结合、与国内外密切合作的开放型小麦品质育种团队，实现了分工明确、团结协作、集体和个人共赢、事业较快发展的目标。

庄先生指导小麦品质育种团队取得重要进展。在大家的共同努力下，团队创建的品质评价技术体系和育种可用基因标记在国际上产生重要影响，国际种质引进评价与慢病性育种方法研究在我国西部地区发挥了重要作用，育成的新品种在生产上大面积推广，先后获得2008年国家科技进步奖一等奖、2015年国家科技进步奖二等奖、2017年农业部和2019年农业农村部中华农业科技奖科研成果一等奖。

品质育种团队是庄先生领导的冬麦组的传承和发展，在保持庄先生勤奋严谨学风的同时，我们又做到与时俱进，建立与国内外密切合作的协作网；在强调为产业服务的同时，及时将分子标记等新技术用于育种，最终目标是实现品种选育、理论研究双丰收。庄先生多次和我谈心，讨论小麦新品种选育如何翻身的战略和做法，在不放弃北京育种点的同时，特别支持与棉花所的实质性合作，在黄淮地区赢得重要一席之地。作为国家级科研单位，中国农业科学院在育种技术上还要有专长，要写论文尤其是有应用价值的重要论文，并努力争取在国际上的发言权。需要说明的是，申报国家奖等重要材料都是我完成初稿后，庄先生做了逐字逐句的审阅修改，而他当时已经是近百岁的老人了。

很荣幸与庄先生一起工作30年，他是我尊敬的长辈和老师，同时也是几乎无话不谈的同事和朋友。除了大家熟知他严谨的工作作风外，我感受深刻的有四点。一是倡导科学争鸣，鼓励大家就课题研究中的所有问题进行讨论，发言不论地位高低，观点没有错对之别，讲出来可以互相启发，在深入讨论的基础上，形成周密可行的方案。二是鼓励独立思考，形成自己的见解，他常说看法不对没关系，最可怕的是没有观点，错误观点比没有观点要强得多。三是工作要有持之以恒的精神，推广品种要有"死马当作活马医"的坚韧决心，一旦看准，绝不放弃，直至取得成功。四是尊重他人，他虽是资历很深的专家，但他尊重所有的领导和同事，上至院长，下至所领导、中心主任和普通同事，以求大家的广泛支持，保障工作顺利推进；在遇到难以统一的看法甚至矛盾时，他都主张以退为进，不去争论和计较，以免分散精力，影响工作大局。

　　庄先生安息！努力工作是我们对您最好的缅怀和纪念，您的卓越成就和高尚品德将永存，您的精神和学风将激励我们团队继续前进，把品质研究和育种工作做得更好，为小麦种业科技发展和国家粮食安全做出更大的贡献。

2022 年 5 月

图书在版编目（CIP）数据

追忆世纪麦翁庄巧生/中国农业科学院编. —北京：
中国农业出版社，2023.4
　　ISBN 978-7-109-30527-4

　　Ⅰ.①追… Ⅱ.①中… Ⅲ.①庄巧生（1916-2022）
-生平事迹-画册 Ⅳ.①K826.3-64

　　中国国家版本馆CIP数据核字（2023）第064457号

ZHUIYI SHIJI MAIWENG ZHUANG QIAOSHENG

中国农业出版社出版
地址：北京市朝阳区麦子店街18号楼
邮编：100125
责任编辑：石飞华　杨天桥
版式设计：王　晨　　责任校对：吴丽婷　　责任印制：王　宏
印刷：北京中科印刷有限公司
版次：2023年4月第1版
印次：2023年4月北京第1次印刷
发行：新华书店北京发行所
开本：889mm×1194mm　1/16
印张：8.25
字数：180千字
定价：200.00元